밥을 짓다
사람을 만나다

밥을 짓다
사람을 만나다

한살림

차례

지은이의 말	밥을 통해 사람을 만나는 사람	06
추천하는 글	그이의 전부라 할 밥 이야기 – 박찬일	10
	그가 차린 밥엔 '사람'이 궁극 – 정은정	13

가을 • 秋

흰쌀밥 잊고 지내던 인연을 소환하는 밥 한 그릇	19
구기자호두밥 리틀 포레스트와 만나는 밥	31
소고기우엉밥 누군가의 '인생 밥'	43
가지밥 나그네를 위한 밥	53
버섯밥 간장의 이름을 다시 찾기 위해 짓는 밥	63

겨울 • 冬

콩나물해장밥 해장국 대신 해장밥	79
김치밥 겨울과의 이별 연습엔 이 밥	91
오곡밥 훔쳐서 아홉 번 먹어야 제맛	103
시래기밥 밥집을 하고 싶게 하는 밥	113
시금치밥 꺾이지 않는 힘의 밥	125

봄 · 春

두릅밥 벚꽃엔딩, 그리고   139
수수팥밥·미역국·잡채·불고기 생일에 외식하는 사회에 대처하는 나의 생일상   151
두부김밥·녹차꼬마김밥·계절채소주먹밥·튀김 나누면 기쁨이 배가 되는 도시락   163
죽순밥 어머니의 행복이 쑥쑥 자라라고 먹는 밥   177
냉이바지락밥 위로가 되지 못한 밥 · 함께 밥 먹고 궁합 좋은 우리   189

여름 · 夏

치자밥 화해의 밥   209
감자보리밥 감꽃, 땡감 그리고 이 밥   221
문어밥 숙제로 남은 밥   233
삼계밥 그 남편의 그 아내를 위한 밥   243
두부밥 두부밥으로 남은 그녀   253

지은이의 말

밥을 통해
사람을 만나는 사람

●

나에게 있어 밥은 인생이고 우주다. 지금은 물론이고 기억할 수 있는 한의 어린 시절로 거슬러 올라가도 그랬고, 앞으로 남은 삶도 그럴 것이다. 밥을 통해 어머니를 만났고, 내 입에 밥을 넣어 주는 어른들을 만나 그들의 밥으로 내가 자랐다. 배고픔을 참을 수 없어 울음으로 내 의사를 전하고, 그 울음을 이해하는 어른들에 의해 배를 불리면서 안도하고 흡족해져 잠이 들었다. 말을 배우고 다른 사람이 하는 말의 의미를 이해하면서는 배가 고프면 다른 어떤 음식이 아닌 '밥'을 달라고 하며 컸다.

　가끔 배가 고픈 줄도 모르게 노는 데 빠져 집에도 가지 않고, 친구들과 어울려 이리저리 뛰놀다가도 어머니나 친구들의 어머니가 부르는 소리에 갑자기 몰려오는 허기를 느끼며 집으로 달려가곤 했다. 달리는 중에도 어머니가 부르는 내 이름은 "밥 먹어라!"는 말의 다른 표현임을 알고 있었다. 말 못하는 어

린 자식의 울음소리를 구분해 내고 기저귀를 갈아 주기도 하고, 어디가 아픈 것은 아닌지 살피는 어머니처럼 어머니의 부르는 소리가 가지는 의미를 잘도 이해하고 성장했다.

　자라면서 나는 비록 풍족하지 못했으나 사랑을 넘치게 받으며 밥상을 받아먹었다. 모두 어머니와 이모들이 고생한 덕분이다. 넘치게 받았으니 나도 그렇게 하려고 애쓴다. 이제 나는 밥을 해 주는 사람이 되었다. 내 밥을 받아먹는 사람들이 눈치를 살피지 않고 어머니 밥을 먹는 것처럼 마음 편하게 먹어 주길 바란다. 그러면서 나는 그들을 살핀다. 목소리도 살피고 얼굴도 살핀다. 밥이나 반찬이 부족한 것은 없는지 살피면 되는 사람들이 있다. 그러나 배 불리는 것 외에 위로의 말이나 칭찬이 필요한지 살펴야 하는 사람들도 있다. 세상을 향한 분노로 얼굴이 일그러진 사람도 있고, 삶에 지친 좁은 어깨를 가진 사람도 있고, 기쁜 소식을 가지고 오는 사람도 있기 때문이다.

　이제 나는 누군가에게 밥을 가르쳐 주는 사람이 되었다. 밥을 할 줄 모르는 사람들이 많아지고 그런 만큼 밥을 할 줄 아는 것이 중요해져서다. 자기가 먹을 한 끼를 온전히 자기 힘으로 차려 본 사람은 다 안다. 오로지 자신을 위해 차린 밥 한 끼가 자존감을 높여 주고 살아가는 힘을 준다는 것을 알게 된다. 원하는 밥을 사 먹는 일은 성공한 인생인 것 같은 느낌을 주지만 그렇지 않다. 밖에서 매식을 하고 즉석밥을 사 먹는 일을 반복하다가는 밥을 할 줄 아는 사람이 적어져 절대적으로 밥이 권력의 중심에 서게 된다. 그러다 영화 '설국열차'에서처럼 한 끼의 밥을 위해 우리 모두 나락으로 떨어질지 모른다. 대기업의 식민(食民)으로 살 날이 올지도 모른다. 모두 밥을 하도록 해야 한다. 밥하는 방법을 서로 가르치고 배워야 한다.

    밥을 통해 많은 사람들을 만났다. 지금은 세상에 없는 사람들도 있고, 이제 더는 연락이 안 되는 사람들도 있지만 대개는 밥으로 이어진 인연으로 자주 만나기도 하고 때로 같이 일도 하며 지낸다. 긴 시간을 늘 같은 마음으로 밥을 하며 함께해 온 전종윤·이영란·박명수, 이 세 분 선생님들께 고마운 인사를 전한다. 나의 밥을 맛있게 먹고 가장 맛있는 밥으로 보이도록 잘 찍어 주시는 류관희 사진작가께도 감사를 전한다. 뜨개 인형 '밥 선생'을 선물해 주신 곽안나 선생님께도 고마운 인사를 드린다. 집에 들어가지 못하는 날이 많은 나를 이해하고 탓하지 않는 남편도 고맙다. 서울에 일정이 있을 때도, 지리산의 집에 오셨을 때도, 언제나 이런 나를 위해 새벽밥도 마다하지 않으시는 어머니께도 감사의 인사를 전한다.

    가장 고마운 사람들은 내가 지은 밥을 먹고 맛있다고 하고 기운이 난다고 하는 사람들이다. 그들이 있어 나는 지쳐 잠들었다가도 다시 일어나 힘을 내고 밥을 짓기 위해 길로 나선다.

— 맛있는 부엌에서 고은정

추천하는 글

그이의 전부라 할 밥 이야기

박찬일 《지중해 태양의 요리사》, 《미식가의 허기》, 《백년식당》 저자 · 요리사

●

간혹 그이의 작업실에 갔다. 지리산 실상사 앞에 있는, 장이 익어 가는 반들반들한 항아리들이 도열해서 손님을 맞아 주는 집이다. 늘 시간에 쫓겨 사는지라, 그이와 용무를 마치면 나는 시계부터 들여다보았다. 서울행 버스 시간을 보는 것이었다. 어떻게든 그이는 뚝딱 밥을 지어서 냈다. 나물이며, 김치에 된장찌개와 두어 가지 반찬. 시계를 다시 보면서 나는 늘 이랬다.

"누나, 밥 좀 더 주세요."

밥 해 주는 사람, 그에게 밥 얻어먹지 않은 주변 사람은 아마도 없을 것이다. 그이와 나는, 이제는 사라져 버린 한 조합에서 활동을 같이 했다. 공부가 있거나 모임이 있으면 그이는 늘 밥을 했다. 어쩌면, 지금 생각해 보니 나는 밥이 그리워서 조합 모임에 갔는지도 모르겠다. 그이는 언제나 먹이고 싶어서, 이

런 말이 어울릴지 모르겠지만, 안달이 난 것 같았다. 자기 주머니 털어 주섬주섬 뭔가 챙겨서 밥상을 차렸다. 그이의 밥은 언제나 다른 시공간에서 온 것 같았다. 같은 나물을 무쳐도, 비슷해 보이는 빨간 김치도, 다 같은 쌀에 거기서 거기 같은 밥도, 하다못해 구운 생선도 오래 전에 먹던 맛을 소환해 내는 마력이 있었다. 설탕 둘, 양조간장 둘, 고춧가루 하나. 이런 배합의 공식을 지닌 현대 음식과 결이 달랐다. 재료가 먼저였고, 장이 맛을 냈다. 탄수화물이 무슨 공적이 된 듯한 시대에 그이는 밥 이야기를 했다. 밥이 먼저라고 했다. 그리고는, 진짜 밥을 지었다. 나는 늘 마찬가지였다. "누나, 밥 한 그릇 더 주세요. 그 밥 아직 남았어요?"

오랫동안 지켜보면서 나는 늘 노심초사했다. 회계나 경리 같은 것과는 담을 쌓고 사는 그이의 성정 때문이었다. 누군가 부르면, 밥해 달라고, 우리 밥상을 가르치는 자리라면 만사 제치고 달려갔다. 자기 돈으로 재료 사고, 밥 짓고, 그 밥 짓는 법을 가르치고는 한 푼 수강료도 못 받은 적도 있었다. 내가 더 화가 났다. 그이는 그저 허탈하게 웃을 뿐이었다.

"어떡해요. 사람이 왜 그러는지." 그게 전부였다. 그런 그이가 밥 책을 썼다. '레시피 북'인 줄 알았다. 당신의 삶을 마치 남 이야기하듯, 풀어놓았다. 그랬구나, 그랬었구나. 누나를 오래 보면서도 나는 그 속을 몰랐다. 누나도 아팠고, 슬펐구나.

그리고는 밥을 또 차렸구나. 늘 먹어 오던 그이의 밥이 다시 보였다. 이 책은 그이의 전부라 할 밥 이야기다. 그의 삶이고, 그의 솜씨다. 함께, 밥의 복권(復權)이다. 한 그릇 300원이라도 보장해 달라고 농민들이 외치는 그 골칫덩어리가 되어 버린 밥이 이 책에서 생명을 얻고 있다.

누군가 음식을 잘하느냐고 물을 때 우리는 이런다. "밥 좀 하세요?"

밥은 우리 음식의 시작이고 마무리다. 밥이 숭늉이 되어 끝에 다시 나오는 건 어쩌면 그런 수사(修辭)의 의미이다. 그런 음식이 세상에 어디 있는가. 그 민족의 밥을 그이가 이번 책에서 마음껏 풀어냈다.

간편 즉석밥이 주식이 된 시대에, 다시 밥을 이야기하는 사람 고은정의 이야기를 들어 보시라. 레시피도 꼼꼼히 보시라. 어려운 거 하나도 없다. 나도 하나씩 해 먹어 볼 심산이다. 그래 봤자 다시 쪼르르 달려갈 게 뻔하지만.

밥 내놓으라고, 맛있는 누나 밥 차려 내라고.

그가 차린 밥엔 '사람'이 궁극

정은정 《대한민국 치킨전》, 《아스팔트 위에 씨앗을 뿌리다》 저자 · 농촌농업사회학자

●

밥과 김치, 그리고 장은 한국 음식의 근간이라고는 하지만 이제 밥을 해 먹는 일이 띄엄띄엄해진 세상이다. 하물며 김치를 담그고 장을 담글 일은 난망할 뿐이다. 그런데도 음식 정보, 아니 정확하게 말하면 '맛집' 정보는 넘쳐 난다. '먹방'에서 보여 주는 화려한 '푸드 쇼'는 우리의 눈을 홀리지만 텔레비전 앞에 놓여 있는 음식들의 면면은 배달 치킨과 피자 그리고 컵라면일 때가 많다. 이런 세상을 냉소적으로 바라보는 나와 달리 고은정 선생님은 밥을 직접 해 먹어 보자고, 서툴지만 김치를 담가서 함께 먹자고, 슈퍼마켓에서 파는 간장이 아니라 진짜 '진간장'을 담가 먹자는 운동을 펼쳐 왔다. 가정에서, 학교에서, 작은 자투리 공간과 항아리만 있다면 누구나 된장과 간장을 담가 먹을 수 있다는 '장 담그기 운동'의 선구자인 고은정 선생은 '요리사'의 자장을 뛰어넘어 '음식문화운동가'의 삶을 살고 있으며 이를 따르는 제자와 동료들이 지금 한국의 음식 지도를 조금씩 바꾸어 나가고 있다.

'요즘 젊은 것들'은 왜 스스로 밥과 반찬을 해 먹을 생각조차 하지 않느냐고 야단을 치지 않는다. 그저 이렇게 먹고살 수밖에 없는 우리의 삶을 연민하고 위로를 건넨다. 스스로 쉽고 맛있게 밥을 짓고 김치를 담가 먹을 수 있는 길을 여는 일을 만드는 데 여념이 없던 고은정 선생님. 2015년《장 나와라, 뚝딱》에서 집에서 손수 장을 담가 먹을 수 있도록 자신의 비법을 오롯이 담아 세상에 내어놓았다. 그래서 더 이상 장을 직접 담그지 않는 세상을 한탄하기 보다는 대안을 제시했다. 연이어 2016년《반찬이 필요 없는 밥 한 그릇》을 선보이며 더 이상 반찬이 없어서, 시간이 없어서 밥을 해 먹지 못하겠다는 세상에 조용히 경종을 울렸다. 그저 이렇게 따라해 보라고, 밥 한 그릇만으로도 얼마나 멋지고 충만한 요리인지를 우리에게 알려 주었다. 책으로, 강연으로 쉴 틈이 없어 보이는 선생님이 또 새 책을 세상에 내어 놓았다.

《밥을 짓다, 사람을 만나다》에서는 그간 고은정 선생님이 차려 낸 밥상이 숙련된 기술과 음식 지식, 그리고 사명으로만 이루어진 것이 아님을 깨닫게 해 준다. 그이가 차린 밥엔 '사람'이 궁극임을 이 책에서 말하고 있다. 밥 한 그릇에 얽힌 사연에 눈물과 콧물을 섞어 가며 읽게 되는데, 이렇게 내밀한 개인사가 드러나도 될까 싶을 정도로 가감 없이 이야기를 꺼내 보인다. 직접 밥을 차려 먹인 사람들에 대한 흉금이 고스란히 다 드러나서 '읽는 맛'도 뛰어나다.

직업 군인이었지만 방랑자이기도 했던 선생님의 부친께서 떠난 계절에 치자꽃이 흐드러지게 피고 지었단다. 끝내 애증의 마음을 내려놓지 못한 인간 고은정과 맏딸 고은정이 아버지께 차려드리지 못한 '치자밥' 이야기에서는 저절로 손이 가슴에 얹어졌다. 애주가인 남편에게 벌인 소심한 복수가 고작 국물 없이 먹이는 밥이라니, 참 선생님다운 복수다 싶어 혼자서 키득거리며 웃기도 했다.

눈치 없이 들이대는 수많은 식객들에게 먹인 밥도 다 개개의 사연이 있고, 결국 '해 먹이길 잘 했다'라는 마음을 드러낸 고은정 선생님의 밥을 나도 많이 얻어먹었건만, 나 또한 눈치 없기는 매한가지였을 것이다. 그 눈치 없는 식객들을 대표로 핑계를 대자면, 당신이 차린 밥이 염치 따위는 내다 버릴 정도의 맛이었기 때문이었노라 말씀드리고 싶다. 그리고 감히 추천사라는 외람된 이름을 빼 주기를 간청하고 싶다. 그저 축하와 존경의 마음을 담을 뿐이다.

하지만 긴장된다. 밥과 김치, 장을 담그는 일이야 당연히 선생님을 따라갈 수도, 그럴 필요도 없지만(얻어먹을 요량이다), 글까지 이리 잘 쓰시다니 도저히 안 되겠다. 밥을 해 달라 졸라대고 선생님의 글 쓸 시간을 빼앗아야겠다. 글로 밥을 버는 나의 밥벌이가 너무 위험하다!

가을 秋

사람을 만나다
밥을 짓다

버섯밥
가지밥
소고기우엉밥
구기자호두밥
흰쌀밥

농사와 채집과 음식 조리는 아주 긴밀하게 소통하며 닿아 있다. 밥을 위해 농사를 짓고, 농사를 짓기 위해 다시 밥을 한다. 그 행위들이 버무려져 생활이 되고 삶이 되며 인생이 된다. 농사의 결과로 만들어진 음식에서 누군가의 인생을 들여다볼 수 있다.

흰쌀밥 (백반白飯)

잊고 지내던
인연을 소환하는 밥 한 그릇

•

집안 사정을 핑계로 취직하겠다며 대학 입시를 피해 도망갔던 날들이었다. 공부에 한이 맺힌 어머니에게 머리를 잡혀 재수생들이 다니는 종로통의 한 입시 학원에 다니고 있었다. 아버지 친구가 부원장으로 일하는 학원이라 내 행동 하나하나가 다 집으로 전해지는 지옥 같은 시간을 보내는 학원생 신세였다. 하지만 '열 사람이 지켜도 도둑 하나 못 잡는다'고. 나는 아버지 친구나 행정실 직원들 눈을 피해 수업에 빠지고 일자리를 구하러 나가기도 하고 남자애들을 만나고 다녔다. 친구들과 떼를 지어 삼청동에 있는 공원에 가서 술병을 비우고 떼창으로 노래를 부르고는 했다.

처음으로 남자 친구를 만났고 광화문 일대를 쏘다니며 재수생 연가를 쓰고 있었다. 나 같은 청춘들이 종로2가에서 광화문으로 이어지는 골목골목의 입시학원들을 들락거리다가 수업이 끝나면 다방이나 술집, 혹은 고고장을 전전하며 아픈 시간을 보냈다. 지금의 노량진과는 조금 다른 형태였다. 그때 청춘들 얘기가 영화 '광화문통 아이'나 '광화문 연가'라는 노래로 사람들 입에 오르내렸고 지금도 우리 세대 술자리에 가끔 안줏거리로 등장한다.

수업을 듣느라 아침마다 문을 열고 들어가던 입시 학원은 한 교실의 정원이 50명이었다. 그곳에 여학생이라곤, 나를 포함해 달랑 세 명이었다. 그중 한 친구가 어느 날 저녁 나를 종로1가 어느 허름한 술집으로 불러냈다. 거기엔 승적을 가진 스님 한 분과 바로 얼마 전에 승적을 버렸다는 한 젊은 남자가 있었다. 낯선 사람들과 구운 노가리를 앞에 놓고 막걸리를 마시며 떠들다 무교동의 낙지집에서 흰쌀밥 한 공기를 양념장에 비벼 먹고 헤어졌다.

다음 날부터 그 친구는 학원엘 나오지 않았다. 한 보름쯤 지나 강의실에 다시 나타난 그녀는 그날 같이 술을 마신 한 남자를 따라 지방을 전전하다 돌아왔다고 했다. 그와 결혼을 하고 싶다고 했다. 그녀는 가출과 귀가를 몇 번 하다가 광화문 일대의 학원가에서 사라졌다.

세간을 떠들썩하게 등단해 하루아침에 유명인이 된 한 소설가가 막 승적을 버리고 관철동에 나타났던 때도 그 무렵이다.

인연은 돌고 돌아 그 소설가는 남편의 친구로 내 앞에 다시 나타났다. 내 나이 열 아홉에 만난 그는 얼굴이 참 맑다고 기억했는데, 다시 만났을 때는 술 때문이겠지만 눈빛이 많이 흐려진 상태였다.

그때 나도 한 남자아이를 만났다. 대꼬챙이처럼 마른 체구에 키가 작고 큰 눈이 어울리는 아이였는데, 공부는 안 하고 그렇게 돌아다니는 나더러 한심해 보인다고 말했다. 나는 실력과 상관없이 이름 꽤나 알려진 학원에 다니고 있었고, 그 아이는 그 학원에서 가장 우수한 학생이었다. 장학금을 포함해 온갖 혜택을 다 받고 다니던 그 애는 심지어 강의실에서 앉고 싶은 자리에 앉을 권리까지 누리고 있었다. 그는 한 달에 한 번 하는 자리 배정 때 내 자리까지도 지정하고 나서는 등 심하게 나를 통제하기 시작했다. 정규 수업이 끝나면 차가 끊어지는 시간까지 자율 학습을 하라는 둥 잔소리를 해 댔는데, 그때는 그 잔소리를 꽤나 달콤하게 들었던 것 같다. 그 애는 토요일까지 열심히 공부하고 일요일에는 가까운 산에 올라 체력을 키우자고 했다. 나는 기꺼이 일요일에 그를 따라 서울 인근의 산을 섭렵하고 돌아다니고 주중에는 학원 강의실에 앉아 있는 척하는 생활을 이어갔다. 그런 생활 중에도 하루 세 끼는 꼬박꼬박 챙겨 먹었다. 아침은 집에서 먹고, 점심은 어머니가 싸 주신 도시락을 먹고, 저녁엔 근처 분식집에서 라면을 먹거나 빵을 사 먹거나

밀가루 음식으로 대충 때웠다. 그때 라면을 참 많이도 먹었다.

집과 학원을 오가고 가끔 산을 오르면서 시간이 흘렀다. 단풍이 멋들어진 어느 가을 주말, 우리는 수락산에 갔다. 산에서 내려와 한 식당에 들어갔는데 그 집은 이런저런 메뉴 없이 오로지 백반만 팔고 있었다. 흰밥에 된장국, 볶은 어묵과 몇 가지 반찬이 더 나왔던 걸로 기억한다. 그런 밥상이 백반으로 불리는 걸 그날 처음 알았다. 글자 그대로 풀면 백반(白飯)은 흰밥이지만, 흰밥이 아니었다. 지금이나 그때나 백반에는 파는 사람과 사 먹는 사람 사이를 '집밥'이라는 질긴 끈으로 묶는 힘이 있다. 그래서 그날 그 애가 그런 말을 했을 것이다. "이렇게 밥을 같이 먹으니 꼭 가족 같네".

순간, '심쿵' 했다. 대학에 들어가고 그가 군대를 가기 전까지 꽤 오래 만났던 이유는 아마 그날 함께 먹은 그 백반에 있었을 것이다. 그때까지 나는 가족이나 친구가 아니면 한 상에서 같이 밥을 먹은 기억이 없었다. 가족이나 친구는 헤어지는 대상이 아니고 한 번 맺은 인연을 평생 이어가는 사람들이라서 어쩌면 그도 가족처럼, 친구처럼 계속 만났는지도 모르겠다.

그 시절에는 동전 하나로 달랑 한 그릇 흰밥만 사 먹을 수도 있었다. 지금은 사라지고 없지만 그때는 무교동 일대에 낙지집이 즐비했는데 그중 몇 군데에서만 그 밥을 팔았다. 돈 없는 청춘들을 위해 흰밥 한 그릇에 낙지볶음 양념만 내주었다. 너무 매워서 양념 조금에 밥 한 그릇을 뚝딱 해치우고는 물을 몇 컵이나 들이켜야 했다.

그렇게 흰쌀밥만 한 공기 파는 전통은 언제부터인가 고기를 파는 집으로 옮겨가 조금 다르게 이어지고 있는 것 같다. 고기를 먹고서 단돈 천 원만 더하면 된장찌개 한 뚝배기와 흰쌀밥 한 공기를 주는 형식으로. 광화문 일대 학원가를 헤매고 다니던 돈 없는 재수생들이 사 먹던 흰쌀밥 한 그릇과 고기로 배를 불리고 나서 어쩐지 허전해 시켜 먹는 밥 한 공기는 사뭇 다르긴 하지만 적은 돈으로 먹을 수 있는 속살 뽀얀 흰쌀밥이라는 공통점이 있다.

밥을 말할 때마다 제일 먼저 흰쌀밥이 떠오른다. 역사가 가장 긴 밥이고, 오로지 쌀 하나로 승부하기 때문에 쉬운 것 같지만 정작 맛있게 짓기 어려운 밥이 흰쌀밥이다. 흰쌀밥은 잘 익은 김치 생각을 불러일으키고, 게장 같은 맛깔난 반찬을 '밥도둑'이라는 이름으로 불러내기도 하는 마력을 지녔다. 어떤 품종의 쌀로 밥하느냐에 따라 밥맛이 달라지고, 밥하는 사람의 기술이 고스란히 드러나는 아주 솔직한 밥이다. 그런 만큼 짓기 어렵다. 밥물이 잘 맞고 뜸이 알맞게 든 밥은, 솥뚜껑을 여는 순간, 침 고이게 하는 냄새로 코를 공격한다. 이 매력에 빠져 자주 흰쌀밥을 한다.

내가 살고 있는 호남지역에서 인기가 좋은 신동진은 쌀알이 가장 큰 품종이다. 갓 지어 먹으면 꽤나 매력이 있는데, 쌀알도 크고 찰기가 적어 다른 품종보다 밥물을 좀 더 잡아야 한다. 밥알 하나하나가 주는 위세가 장난이 아니라 서리태 콩을 놓아 밥을 해도 그 위세가 죽지 않는다. 그래서 나는 서리태 단맛을 즐기고 싶거나 구수한 강낭콩 맛을 즐기고 싶을 때는 서슴지 않고 신동진쌀로 밥을 한다.

최근, 전남 곡성군 석곡면에서 주로 생산하는 골든퀸3호는 고시히카리의 찰기에 가마솥 누룽지 향을 입혀 육종한 새로운 품종의 쌀이다. 밀봉해 두었던 쌀 봉지를 열 때, 씻어서 불린 쌀을 솥에 쏟아 붓는 순간, 밥이 끓으면서 솥 바깥으로 나온 수증기가 집안으로 낮게 깔리는 때에도 누룽지향이 강하게 퍼

진다. 그 향을 좋아하는 사람들이 많다. 골든퀸3호의 진짜 매력은 다 된 밥을 푸려고 밥솥 뚜껑을 여는 순간에 빛을 발한다. 덩치 큰 놈들과 붙어서도 지지 않는 위용을 지닌 쌀이 신동진이라면 흰쌀밥으로 지었을 때 자기 장점을 가장 잘 드러내는 쌀이 골든퀸3호이다.

내 입맛으로 으뜸인 품종은 오대미이다. 밥을 해 놓았을 때 힘도 있고 찰기도 적절하다. 강원도 추운 기후에 맞춰 육종한 쌀로, 오대미는 어쩐지 밥을 하는 나를 늘 기운 나게 하는 가족 같다. 생육환경이 별로 좋지 않은 지역에서 벼가 잘 자라도록 육종된 품종이라는 게, 사람으로 치면 뭔가 비밀스럽고 큰일을 하기 위해 키워지는 용병 같이 든든하다.

고시히카리가 이천을 중심으로 자리를 잡고, '임금님표 이천쌀'로 인기를 끌기 전 경기미로 더 많이 알려진 쌀은 '추청(秋晴)'이다. 값이 비쌌던 추청쌀 대신 통일벼, 정부미로 불리는 저렴한 쌀로 배불리 먹는 것만이 우리 집의 '밥문화'였던 대학시절에 김포에서 통학을 하던 친구가 있었다. 용돈을 변변히 받아 쓰지 못하는 형편이기도 했고, 지금처럼 밥을 사 먹는 게 자연스럽지 않던 시절이라, 같이 다니던 친구들은 모두 도시락을 싸 가지고 다녔다. 김포에서 통학하던 친구가 있었는데 점심시간이 되면 우리는 그 친구 도시락에 든 밥에 주목했다. 아침에 지어 들고 온 밥이라 다 식었는데도 기름기가 좔좔 흐르고 밥알이 탱글탱글해 보는 것만으로도 절로 입안에 군침이 돌았다.

반찬이 필요 없는 잘 지어진 흰쌀밥, 식어도 맛있는 밥이 거기, 그 친구의 도시락에 담겨 있었다. 친구 부모님이 벼농사를 짓고 계셨다. 통일벼니 정부미니 하는 말 외에 벼에 대해 아는 것이 전무하던 나에게 김포평야의 대표 벼 품종인 추청이 그렇게 왔다. 당시에 우리는 그 쌀을 '아끼바레'라고 불렀다. 장에 나갔다가 추청쌀을 보면, 어쩐지 왕조시대 귀족을 만난 것 같은 기분에, 그날 사려고 계획했던 것이 아닌데도 나도 모르게 자꾸 장바구니에 담는다. 배고프던 시절에 김포평야의 지주 농부를 부모로 둔 친구의 도시락 속, 고귀한 자태의 추청밥이 나에게 자기를 주인으로 모시라고 신호를 보내기 때문이다. 윤기 흐르는 찰진 흰쌀밥으로 추청을 먼저 만났기에, 나는 지금도 건달 같은 돼먹지 못한 의리로, '추청 흰쌀밥'을 상전처럼 떠받들고 있다.

배를 곯아본 자들의 로망인 잘 지은 흰쌀밥 한 그릇에 고추장볶음 한 숟가락 넣어 쓱쓱 비비면, 파계승을 따라나섰던 눈이 깊은 옛 친구도 생각나고 맛있는 흰쌀밥 도시락을 싸 오던 친구도 생각난다. 스무 살 무렵에 만나 백반을 같이 먹고선 헤어지지 않고 평생 갈 인연으로 생각했던, 그러나 헤어진 남자 친구도 떠오른다. 까마득하게 잊고 지내던 인연의 기억들이 흰쌀밥 한 그릇에 소환된다.

● 냄비에 흰쌀밥 짓기

재료(4인분 기준)

쌀 2컵, 물 2.5컵

만드는 법

① 쌀과 물을 정확하게 계량한다.

② 쌀을 씻어 체에 건졌다가 냄비에 담고 미리 계량해 둔 물을 붓는다.

③ 밥물을 부운 채로 30분간 불린다.

④ 뚜껑을 연 채 센 불로 끓이다가 거품이 올라오면서
   부글부글 끓기 시작하면 뚜껑을 덮고 불을 약하게 줄여 15분간 둔다.

⑤ 15분 뒤 불을 끄고 뚜껑을 열지 않은 채 5분간 두어 뜸을 들인다.

⑥ 뜸이 들면 주걱으로 고루 섞어 주어야 수분이 따로 놀지 않고
   밥이 덩어리지지 않아 밥을 맛있게 먹을 수 있다.

구기자호두밥

리틀 포레스트와
만나는 밥

●

영화 속 자연환경은 내가 살고 있는 지리산 뱀사골 자락과 무척 닮아 있다. 귀농·귀촌에 대한 판타지를 불러일으키는 영화라고들 하는 이 일본 영화 〈리틀 포레스트〉를 나는 특히나 좋아한다. 영화 속 사람들은 농사짓고 음식을 만들며 하루를 보낸다. 영화는 '여름과 가을'(2014), '겨울과 봄'(2015) 두 편이 이어진다. 어쩌면 우리나라의 '삼시세끼'라는 방송 프로그램이 이 영화에서 모티프를 얻지 않았을까 생각된다.

일본의 습도 높은 지방, 도호쿠 작은 숲속 마을 토모리에서 소꿉장난 같이 농사지으며 사는 한 여자의 이야기로 영화가 시작하고 끝난다. 직접 농사지은 것들과 인근 야산에서 채취한 식재료로 음식을 해 먹으며 약간은 어설프게 사는 모습이, 우리 마을로 귀촌해 들어온 일인 가구들을 생각나게 한다. 산골에서 농사짓는 모습도 그렇지만 보리수나무, 으름나무, 호두나무, 밤나무 열매 등을 채집해 뭔가 만들고 끓이는 모습이 그저 우리 같아 보여 좋다.

음식과 음식을 하는 행위가 자기를 드러내는 거울이 됨을 단적으로 보여주는 영화다. 어떤 음식이 그에 맞닿은 추억을 부르고, 그 추억 속에서 어머니나 남자 친구가 등장해 주인공 이치코의 상처를 건드린다. 건드려져 덧날 뻔한 상처지만 그녀 스스로 요리한 따뜻한 음식을 먹으면서 자연스럽게 조금씩 아물고 치유될 것이다. 그런 상상을 하며 보게 된다.

한국판 〈리틀 포레스트〉를 찍으면 좋겠다는 이야기를 여기저기에 흘리고 다녔는데 같은 생각을 가진 사람들이 많았는지 정말로 만들어지는 기적 같은 일이 일어났다. 큰 기대를 하며 일부러 도시로 보러 갔다. 하지만 아쉽게도 공감대 같은 건 생기지 않았다. 우리 농촌이나 음식에 대한 정체성을 제대로 드러내지 못한 것이 못내 아쉬웠다.

농촌에 대한 막연한 동경심을 가지고 있는 사람들이 좋아할 겨울 배춧국, 얼핏 보기에 뚝딱 담가지는 것처럼 보이는 가양주 등 그림 같은 농촌의 풍경은 잘 담았다. 그러나 어쩐지 농촌의 현실은 멀리 날아가 버렸다. 그저 한 달만 가서 살아 보고 싶은, 여행가고 싶은 농촌의 풍경이 거기 있었다. 그중 가장 아쉬운 것은 그렇게 아름다운 가을 들판을 보여준 뒤에 막 수확

한 햅쌀로 지은 밥 한 그릇이 보이지 않은 점이다. 영화에서 농촌은 그저 도시 생활에 지치고 힘든 청춘이 잠시 숨고 싶은 그만의 동굴 같은 작은 숲으로 비춰졌다.

몸을 움직여 농사를 짓고 음식을 만들어 본 사람은 밥상에 올린 밥 한 그릇, 반찬 한 접시가 어떤 의미인지 너무나 잘 안다. 몸을 움직여 산이나 들로 돌아다니며 식재료를 채집해 본 사람은 밥과 반찬을 입에 넣으며 이것이 누군가의 고된 노동에 의해 만들어졌다는 걸 몸으로 안다. 쫓기며 사느라 끼니를 때운다는 식으로 자기 자신을 소홀히 대하고 있는 이들이 자기 자신에게 정직한 한 끼를 스스로 대접하고 싶다는 마음을 깨우는 것이야말로 농사의 원천이고 요리의 시작이다. 주위 사람들은 이 영화를 보면서 음식이 농사와 밀접한 관계가 있다는 것을 새삼스레 깨닫고, 음식을 만드는 사람들의 노고를 다시 돌아보는 계기가 되었다고들 말한다. 그나마 다행이다.

농부는 때를 알고 기다리는 지혜로운 사람이다. 볍씨를 고르고 뿌려야 할 때, 모내기를 해야 할 때, 물을 가두고 빼야 하는 때가 언제인지 아는 사람이다. 꽃이 필 때를 알고 무얼 해야 하는지 감지하며 하늘을 바라보면서 비가 올 때를 몸으로 느끼는 사람이다. 어찌 보면 종합예술을 하는 사람이다. 농지와 자연 속에서 농사라는 예술을 하는 사람이다.

산으로 들로 채집하러 다니는 사람 역시 살랑거리는 바람에

실려 오는 더덕 향을 감지하고 오르던 산의 행로를 바꿀 수 있는 사람이다. 비를 맞으며 산에 올라 나무를 두들기며 버섯 포자들을 깨우고, 뒷산의 물오르는 가지를 살피고 앞산으로 나물을 하러 간다. 들과 산을 무대로 자기 삶을 설계하고 공연하는 예술감독이다.

　음식을 하는 사람도 비슷하다. 음식을 만들면서 매 순간 무

언가를 결정하며 움직인다. 끓는 모습이나 거품 상태를 보고 불을 꺼야 하는지 줄여야 하는지 혹은 더 끓여야 하는지 판단한다. 쌀을 씻어 불리는 동안 국을 끓일 준비를 하고 밥과 국이 끓는 동안 반찬 한두 가지를 만들며 그렇게 음식 만드는 시간을 지배한다. 짧은 시간에 효율적으로 맛있고 좋은 음식을 만들기 위한 노력을 하다가 그것이 몸에 배어 스스로 즐기는 주방의 능력자가 된다.

농사와 채집과 음식 조리는 아주 긴밀하게 소통하며 닿아 있다. 밥을 위해 농사를 짓고, 농사를 짓기 위해 다시 밥을 한다. 그 행위들이 버무려져 생활이 되고 삶이 되며 인생이 된다. 농사의 결과로 만들어진 음식에서 누군가의 인생을 들여다볼 수 있다.

일본의 〈리틀 포레스트〉 '여름과 가을' 편에서는 밤조림을 하면서 이야기가 정점을 찍는다. 밤은 채취하고 나서 관리를 잘하지 않으면 벌레에게 다 내주고 먹을 게 하나도 없게 된다. 아마 그래서 밤조림이 생겼을 것이다.

영화에서 사람들은 가을에 자연으로부터 받은 선물인 밤을 조려서 마을 사람들과 나눈다. 귀한 밤조림을 안고 집으로 돌아간 사람들은 거기에 설탕을 넣고 소금을 더하고 간장을 끼얹고 브랜디를 붓고 와인에 담그고 하면서 자기만의 밤조림을 완성해 간다. 모든 음식은 누군가가 만든 최초의 레시피에 사람들의 아이디어가 보태지면서 새로워지고 더 발전한다. 한 개인만의 독특한 음식이 되기도 하고 때론 한 집안의 내림 음식이 되기도 한다. 얽히고설키며 생각지 못했던 방식으로 풍성해지는 모양새가 우리네 삶과 닿아 있고 닮아 있다.

지리산 뱀사골 우리 마을에는 밤나무보다 호두나무가 많다. 웬만한 집엔 호두나무 한두 그루씩은 다 있다. 마을 어른들은 가을에 호두를 거두어 잘 말려 두었다가 정월대보름에 부럼을 깨문다. 잘 익은 호두는 주먹만 하게 큰데 언뜻 보면 돌배처럼 생겼다. 추석 무렵까지 사람이 따지 않으면 밤처럼 송이를 벌리고 그 안의 호두를 보여 준다. 그러다 정말 알밤이 떨어지듯 호두알도 땅으로 떨어진다. 우리 마을에선 호두알이 땅에 떨어지도록 두지 않고 대개는 어느 하루 날을 잡아 호두를 한꺼번에 턴다. 그런 다음 은행처럼 겉껍질을 벗겨 내고 깨끗하게 씻어 말린다. 수확이 끝난 호두나무 아래에는 땅에 떨어져 검은 빛깔로 변한 호두 겉껍질들을 쉽게 볼 수 있다. 이 호두 겉껍질은 검정빛이 멋지게 나오는 천연염색의 재료로도 쓰인다.

지리산 마을로 스며들어 살게 되면서 나는 지인들에게 해마다 생호두의 맛을 보여주는 일을 잊지 않는다. 호두나무에서 딴 호두를 햇볕에 말리지 않고 그냥 까서 먹는 게 생호두다. 말린 호두의 기름지고 반투명한 색과 달리 속살이 하얗고 뽀얗다. 입에 넣고 오물거리면 아삭아삭 고소하다. 익숙하게 먹던 호두 맛과 너무 다른 맛에 다들 깜짝 놀란다. 말린 호두보다 덜 느끼해 자꾸자꾸 손이 간다. 어쩌면 수확을 마치고 말리기 전, 단 며칠 동안만 맛볼 수 있는 귀한 것이라 더 맛있게 느껴지는지도 모른다.

지리산 북쪽 우리 마을엔 집들이 대략 두 종류로 나뉜다. 실상사에서 귀농학교를 시작한 후에 들어온 사람들이 새로 짓고

살기 시작한 집들과 오래전부터 태를 묻고 살아오신 어른들께서 살고 계신 최소한 백년은 되었음 직한 집들이다. 새로 들어온 사람들은 마당에 잔디를 심기도 하고 멋진 발코니를 들이거나 둘러앉아 고기라도 구우면서 파티를 즐길 만한 탁자와 의자들을 놓기도 한다. 그런데 어르신들이 대를 이으며 고치고 지키고 살아온 구옥들 사립엔 신기하게도 대부분 구기자나무가 몇 그루씩 심겨져 있다. 호두가 익을 무렵이면 구기자나무 가지가 허리가 휘게 열매를 달고 늘어진 모습으로 나를 홀린다.

　이 무렵에 나는 호두를 구기자와 함께 밥에 넣어 먹는 맛에 빠진다. 씹는 맛에 먹는 재미까지 있으니 그만이다. 깔끔하고 연한 색 그릇에 막 지은 구기자호두밥을 퍼 담으면 마치 가을이 그곳에 들어앉은 것 같다. 가을에 빠져 밥을 먹는 듯하다. 영화 속에서 호두를 넣고 지은 밥으로 만든 이치코의 오니기리 도시락을 보는 순간 내 가슴이 뛰었다. 호두를 넣고 밥을 지은 이치코의 감정을 알 것 같았다. 남이 밥을 지어 먹는 모습을 보고 가슴이 뛰는 경험이라니, 음식의 힘은 참으로 대단하다.

　들판을 노랗게 물들이던 나락이 농부의 창고로 들어가고 황금빛 찬란하던 들판이 빛을 잃는 늦가을, 낮은 산자락에 올망졸망 피었던 쑥부쟁이나 산국마저 지고 단풍이 자취를 감추어 황량해진 산과 들을 멀리서 바라보면 괜스레 나도 쓸쓸해져 옷깃을 여민다. 마주친 가을의 숫자만큼 나이 들어 가고 있으니 건강한 노인으로 늙어가고 싶다는 소망이 간절해진다. 건강하게 늙는다는 것은 굉장한 행운이지만 한편으론 노력이 필요하기도 하다. 하나뿐인 자식에게 짐이 되고 싶지 않기에 건강할 때 몸을 잘 돌보려고 무진 애를 쓴다. 건강의 제일은 제때, 제대로 된 밥을 먹는 것이라고 믿기에 정성 들여 밥을 짓는다. 오늘 점심은 가을의 풍성함과 고운 빛깔을 담은 구기자호두밥이다.

● 구기자호두밥 짓기

재료(4인분 기준)

쌀 2컵, 호두 살 1/2컵, 구기자 20g, 물 2컵, 들기름 1큰술, 간장 1작은술

만드는 법

① 쌀은 첫 물을 재빨리 버리고 깨끗이 씻어 30분간 불린다.
② 호두 살은 흐르는 물에서 한 번 씻어 건져 속껍질째 잘게 다진다.
③ 구기자는 흐르는 물에 빠르게 한두 번 씻어 건진다.
④ 압력솥에 불린 쌀과 썰어 놓은 호두 살, 구기자를 넣는다.
⑤ 솥에 들기름과 간장을 붓는다.
⑥ 솥에 밥물을 붓고 흰밥을 할 때와 같은 방법으로 밥을 한다.

소고기우엉밥

누군가의 '인생 밥'

●

송년회 문화에 익숙하지 않은 내가 지리산 골짜기에서 서둘러 출발해 송년 모임에 참석하러 서울로 갔다. 지난 2016년 가을, 서울특별시식생활종합지원센터에서 진행했던 다문화 요리활동가 양성 과정에서 맺은 인연으로 연말 행사에 초대를 받았기 때문이다. 베트남 여성에게 한국의 음식 문화를 알려 주고 장과 김치, 밥을 만드는 음식 수업을 했다. 나름대로 최선을 다해 우리 음식의 근간이 밥과, 김치, 장에 있음을 알리려고 애를 썼다. 음식은 사람이 먹고 마실 수 있는 모든 것이지만, 단순히 몸에 영양분을 공급하는 의미를 넘어서 사람의 감성과 묘하게 연결되어 있다는 것을 서로 공감할 수 있어 내게도 꽤 의미 있는 시간이었다.

수업하면서 제사 음식 이야기를 꺼낸 적이 있다. 그러자 어느 학생이 베트남에서는 제사를 한낮인 정오에 지내는데 왜 한국에서는 한밤중인 자정 무렵에 지내는지 물어 왔다. 나는 어른들을 따라 습관적으로 지내 그런 걸 궁금해 한 적이 없다고 말하고 시간을 벌면서 잠시 생각을 정리했다. 그러고는 "한국 사람들은 귀신은 어두운 밤에만 돌아다닌다고 생각해요. 어둠의 상징인 귀신이 햇빛을 보면 맥을 못 추므로 한밤이 되어야 조상귀신들이 활발하게 활동하면서 후손을 찾아온다고 생각해서 밤에 제사를 지내는 것이에요"라고 설명했다. 그러면서 그들과 우리는, 조상이 돌아가신 그날 제사로 조상을 기린다는 점에서 서로 친근함을 느끼게 하는, 서로 맥이 통하는 생활문화를 가지고 있다고 생각했다.

 그 수업을 하면서 처음엔 고민이 참 많았다. 우선 베트남 말을 한 마디도 못하고 알아듣지도 못하니 그들이 한국말을 못하면 의사소통에 큰 문제가 있을 것이 뻔해서 고민이 컸다. 하지만 한국말을 유창하게 할 뿐 아니라 글씨도 잘 쓰는 그들을 보고 처음엔 놀라웠고, 나중엔 웬만한 이야기는 다 소화할 거라는 확신이 들어 반가웠다. 정말 의사소통에 대한 부담 하나 없이 무사히 수업을 마칠 수 있었다. 무엇보다 인상적이었던 건, 수업에 몰입하는 그들의 태도가 내가 그때까지 해 온 그 어떤 교육 때보다 훨씬 좋았다는 점이다. 수업을 하면서 힘들고 지치기보다 뭔가 하나라도 더 가르쳐 주고 싶은 마음이 앞섰다.

한번은 내가 한국에서 죽은 조상이 어떻게 알고 제사에 찾아오는지 궁금하지 않느냐고 물었다. 어리둥절해하는 그들에게 "예로부터 한국의 조상귀신은 자신들이 먹어 온 간장의 맛과 향을 따라온다"고 하니 박수를 치며 웃었다. "요즘은 조상귀신들이 제삿날에는 물론이고 명절에 차례를 지낼 때도 자신들이 먹어 온 간장의 풍미를 찾을 수 없어서 후손을 찾아오지 못하고 간장을 생산하는 공장 근처에서 맴돌고 있는지도 모른다"고 했더니 박장대소를 했다.

그들은 예정된 교육이 끝나고도 이어서 한국의 전통 장류를 담그고 배우기를 바랐다. 누구의 도움 없이 스스로 김치를 담그고 싶어 했고, 가족이 좋아할 다양한 밥을 짓고 싶어 했다. 다른 지역에서 진행한 다문화가정 여성들도 비슷했다. 집에 돌아가 배운 대로 저녁상을 차렸더니 어머니가 해 준 음식 같다며 남편이 좋아했다고도 하고, 혹은 시어머니가 대견해 하셨다는 이야기를 전해 주기도 했다.

그 다문화여성 요리활동가 양성 교육에서 업무를 담당한 연구원이 한 명 있었다. 교육 내용을 짜고 강사를 섭외하고 교육을 진행하며 다문화여성을 돕는 역할을 하는 사람이었다. 그녀는 교육생들이 최적의 조건에서 교육 받을 수 있도록 배려하고 문제를 하나씩 해결했다. 저런 자세를 배워야겠다고 생각할 만큼 열심히 일하는 사람이었다.

　　그녀는 밥을 별로 좋아하지 않는다고 했는데, 교육이 끝나고 소고기우엉밥을 시식하더니 밥맛에 감탄하면서 '인생 밥'이라는 표현까지 썼다. 그 뒤로 만날 기회가 몇 번 있었는데 그때마다 그녀는 계속 소고기우엉밥 이야기를 했다. 그리고 쌀에 대해 단순한 관심을 넘어선 공부를 진지하게 하더니, 얼마 후 쌀 관련 사업을 시작했다. 참 고마운 인연의 시작이었다.

교육에 참여한 베트남 여성들은 모두 한국 남자와 결혼해 이주해 온 사람들이었다. 그녀들도 예상과는 달리 소고기우엉밥과 두부밥 등을 아주 맛나게 먹었다. 그리고 전통 장에 관심을 보였다. 나는 그들이 우리 전통 음식을 배워 요리 활동가로 사회로 나가는 것은 매우 큰 의미를 띤다고 생각한다. 이미 이주해 와 살고 있는 사람들에게는 물론 앞으로도 오게 될 베트남 여성들에게도, 우리 전통 음식을 그들만의 고유한 감성으로 잘 가르칠 수 있을 것이기 때문이다. 그리고 나처럼 베트남 음식에 관심이 있는 한국인에게 베트남 음식을 한국말로 잘 가르쳐 줄 수 있기 때문이다. 그들과 우리에겐 잘 소통할 수 있는 좋은 매개물, 음식이 있으니까.

그 송년 모임은 2016년을 마감하는 베트남 여성들 요리 활동의 최종 보고회이기도 했다. '우리는 아주 특별한 요리 활동가다'라는 주제로 진행되었는데, 베트남 여성들이 한국 음식을 배우고 사회로 나가 교육 활동을 하고 있기에 딱 맞는 주제였다. 짧은 기간 동안 불과 몇 번 안 되는 수업을 했지만 그들은 그 활동으로 자존감을 찾고 정체성을 바로 세우게 되었다고 했다. 한 사람, 한 사람 나와서 그간의 일을 회상하고 발표하는데 하나둘 훌쩍이기 시작하더니 다들 울었다. 나에게 마이크가 건네졌는데 울고 싶지 않은 마음에 담담하게 이야기를 시작했지만 결국 나도 눈물을 흘리고 말았다. "여러분이 내가 했던 교육

에 참가한 사람들 중에 최고로 열심히 한 멋진 교육생이었다"는 이야기를 하자 그들은 눈물을 흘리는 중에도 어린아이들처럼 좋아하며 박수를 쳤다.

한국인 중에서 나만 운 건 아니었다. 교육을 책임지고 진행했던 모 대학 교수도 소감을 말하다가 울먹였다. 행사장은 흐르는 눈물과 콧물을 닦느라 분주해져 잠시 어수선했다. 따뜻하고 맛있는 파티였고 내 인생에서 가장 감동적인 파티였다.

작은 마음에서 시작한 식생활교육이 빛을 발해 누군가의 마음을 비추고 따뜻하게 데워 주는 시간이 되었다니. 그렇게 밝아지고 따뜻해진 사람들이 또 다른 사람들에게 빛이 되고 온기가 되는 선순환하는 고리가 이어질 것이기에 더 아름답다.

베트남 여성 한 분이 유치원생과 초등학교 저학년으로 보이는 자신의 아이들을 소개하며, 이 아이들이 소고기우엉밥을 정말 잘 먹는다고 내게 고맙다고 했다. 나를 행복하게 해 준 최고의 찬사였다. 어떤 나이 지긋하신 분은 며느리에게 좋은 음식을 가르쳐 줘서 정말 고맙다며 내 손을 잡아 주셨다. 몸으로 해 주는 칭찬이었다. 그리고 또 다른 교육생의 남편도 나에게 인사하며 음식이 담긴 그릇을 전해 주기도 했다.

음식을 교육하면서 나는 아주 강렬한 기원을 담는다. 교육을 받은 사람들이 음식에 대한 생각을 바꾸고, 그 생각이 이어져 그들의 밥상에 좋은 변화가 나타나기를 바라는 기원이다. 베트남 여성들은 그러한 나의 기원을 이루어 준 고마운 사람들이다. 그들은 고향인 베트남에서 올 또 다른 여성들과 베트남 음식을 배우고자 하는 한국 사람들에게 영향을 끼칠 것이다. 그 생각을 하면 벌써부터 막 두근거린다.

● 소고기우엉밥 짓기

재료(4인분 기준)

쌀 2컵, 물 2컵, 소고기 100g, 우엉 100g, 들기름 1큰술, 간장 1큰술, 청주 1큰술

양념장 : 간장 1큰술, 물 1큰술, 쪽파 3뿌리, 고춧가루 1작은술,
참기름 1작은술, 들기름 1작은술, 깨소금 1큰술

만드는 법

① 쌀을 씻어 30분간 불린다.
② 소고기는 한입에 쏙 들어가게 썰거나 다진다.
③ 우엉은 흐르는 물에서 박박 문질러 씻고 껍질째 길게 반으로 갈라 얇게 어슷썰기를 한다.
④ 압력솥에 불린 쌀과 밥물을 넣는다.
⑤ 썬 소고기와 우엉을 쌀 위에 올린다.
⑥ 들기름과 청주, 간장을 분량에 맞춰 넣는다.
⑦ 흰쌀밥을 하는 방법으로 압력솥에다 밥을 짓는다.

가
지
밥

나그네를 위한
밥

●

 말장난하기 좋은 말로 '가지 말라고 가지'라거나 '오지 말고 가지' 등 여러 재미있는 표현을 쓰지만, 사실 가지는 가을이 왔다고 혹은 추위가 온다고 하여 이제 우리와 이별하고 가 버리는 그런 식물이 아니다. 원래 가지는 다년생 식물이다. 추운 겨울만 버텨 낼 수 있다면 가지는 커다란 나무로 자라나 등나무 꽃처럼 아래를 향해 열매를 주렁주렁 매달 것이다. 언젠가 충청남도농업기술원에서 키운 가지나무를 본 적이 있는데, 보라색 열매를 주렁주렁 달고 있는 모습이 굉장히 멋졌다.

 사계절 기후가 변화무쌍한 우리나라에서는 가지를 해마다 다시 심는다. 우리 집에서는 채종을 하지는 못하고 해마다 봄이 되면 가지 모종을 몇 포기 사다가 심는다. 가지는 거름만 잘하면 여름내 계속 달리므로 따서 나물로 먹을 수 있다. 날이 추워져 잘 자라지 못하고 계속 꽃을 피울 때쯤엔 모두 따서 길게 켜서 말린다. 빨랫줄에 매달든가 채반에 널어서 가지고지를 만든다. 말린 가지는 정월대보름에 아홉 가지 나물 중 하나로 먹고 나머지는 밥을 해 먹을 것이다. 가지나물은 정월대보름에 딱 한 번 하지만, 가지밥은 자주 해 먹느라 모자라면 때때로 가지를 장에 가서 사 오기도 한다.

밥으로 먹는 아이디어를 내기 전까지 가지고지는 나에게 오직 정월대보름을 위해 말리는 것으로만 대접 받았다. 가지나물을 워낙 좋아해서 가지를 쌀과 함께 밥으로 해 보기도 했는데, 너무 물러져서 씹는 식감이 없다고 싫어하는 사람이 있었다. 가지가 죽처럼 물러지지 않게 하기 위해 냄비밥을 하면서 뜸 들이는 시점에 미리 준비해 둔 가지를 얹어서 해 보기도 했다. 그러나 뭔가 고도의 밥 짓는 기술이 필요하니 나 같은 사람은 몰라도 보통의 사람들이 쉽게 해 먹긴 어렵겠다는 생각이 들었다.

가지고지를 불려서 밥을 해 보니 가지 맛이 살고 씹는 식감도 좋아서 만족스러웠다. 내가 만족스러우니 남들에게 권하게 되고 가지밥을 먹은 다른 사람들도 좋다고 했다. 그러니 더욱 자주 해 먹는다. 가을엔 가지밥이 진리인 것처럼.

언젠가 아무런 약속 없이 불쑥 내게로 와서는 가지밥을 먹고 간 사람들이 있었다. 한 달에 한 번 하는 일박 이 일 제철음식학교 수업을 마치고, 사람들이 돌아간 뒤 갑자기 피로가 밀

려들어 허우적거리며 뒷정리를 하고 있었다. 잠시 쉬었다가 기운을 차려 오후 네 시에 시작하는 마을 밥상 모임을 준비해야 했다. 같이 일하는 분들과 차를 나누며 수다라도 떨까 하고 있는데 젊은 여자 두 명이 문을 열고 들어왔다. 그러고 구경을 해도 되느냐고 물었다. 볼 게 없는 공간이니 구경하라 하기는 뭣했지만 들어오라 했다. 뭔가에 끌리듯 사람을 안으로 들이면서 나는 같이 일하는 분들의 눈치를 보았다. 쉬어야 하는 시간에 사람을 안으로 들이면 차라도 한잔 내야 하니 편치 않은 일을 만드는 것이라 그랬을 것이다.

 차를 한잔 내놓고 어디서 왔는지, 무슨 일을 하는지, 여행은 왜 오게 되었는지, 뭐 그런 이야기들을 했다. 그런데 자꾸 마음이 쓰였다. 그게 뭔지 모르겠지만 마음이 불편하여 안절부절못하다가 그들에게 물었다. 점심은 먹었느냐고.

 결국 나는, 반찬은 김치밖에 없지만, 잠시 기다려야 하지만, 그럼에도 괜찮다면 밥을 먹고 가겠느냐고 물었다. 그들은 마침 밥 먹을 곳을 찾고 있었다고 했다. 아마 그때 그들을 보면서 딸아이를 생각했던 것 같다. 내가 배고픈 누군가에게 밥을 해 먹이면, 세상 어느 구석에 사는지 모를 누군가가 언제인지 모를 때에 배고픈 내 딸아이에게 밥을 해 먹이지 않을까 하는 해괴한 생각을 했던 것 같다.

 때마침 전날 수업에 쓰다 남은 가지고지가 있었다. 쌀을 불

리는 동안 말린 가지를 미지근한 물에 불려 잘게 찢었다. 남은 돼지고기 한 조각도 채 썰었다. 밥이 되는 동안 재빨리 비빔장도 만들었다. 달랑 가지밥에 비빔장, 김치가 전부였는데 그들은 참 맛나게도 잘 먹었다.

    인연인지 우연인지 그들은 서울 은평구에서 동네 부엌과 관련된 일을 하고 있다고 했다. 내가 이 산골에서 하고자 하는 일을 그들은 서울 한복판에서 하고 있다고 했다. 내가 일하는 곳을 '맛있는 부엌'이라 부르기 전의 이름이 '동네 부엌'이었는데, 그들의 일터 이름이 동네 부엌이라 했다. 어쩐지 내 돌발 행동이 다 이유가 있었다는 생각을 하게 됐다. 그 뒤, 그들을 서울에서 다시 만날 기회가 있었다. 국제슬로푸드한국협회 총회에서 맛있는 부엌이 지역에서 해 온 동네부엌 역할에 대해 발표해 달라는 부탁을 받고 갔다. 그런데 거기에 그들도 같은 목적으로 와 있었다. 반갑기 그지없었다. 지금도 그들은 그들 자리에서 해 오던 일을 열심히 하는 중이다.

그들이 다녀간 그 가을, 가지밥을 참 많이도 했다. 그해 10월엔 농림축산식품부에서 '밥, 나도 할 수 있어요'란 프로그램을 진행했다. 전국 초등학생들에게 밥하는 방법을 지도할 강사들에게도 가지밥을 알려 주었다. 아이들이 맛있어 했다고, 밥하는 스스로를 대견해 했다는 소식이 기운 나게 해 주었다.

가을도 깊어져 갔다. 그러던 어느 날, 한 남자가 찾아왔다. 나는 그 남자랑 만나는 걸 썩 좋아하지 않았는데 밥을 해 주게 되었다. 지리산으로 막 내려와 자리를 잡으면서 일거리를 찾다가 함양에 있는 대안대학에 나갔고 그 남자를 거기서 만났다. 그이는 학교와 전혀 어울릴 것 같지 않은 양복을 늘 말쑥하게 차려입고 서류 가방을 들고 내가 일하는 살림학과로 찾아왔다. 살림살이가 어려운 학교와 달리, 자신은 잘나가는 사람임을 강조하면서 올 때마다 밥이나 차, 또는 술을 달라고 성가시게 해서 왠지 거리를 두고 싶었던 사람이다.

여전히 그는 양복을 말쑥하게 차려입은 모습으로 맛있는 부엌의 문을 열고 들어왔다. 점심 무렵이라 밥 먹을 준비를 하는데 덜컥 찾아온 것이다. 같이 일하는 선생님 한 분과 나와 그 사람 셋이 차를 앞에 놓고 앉아 마시게 되었고, 벌을 서는 기분으로 얘기를 들으며 그이가 돌아가기를 기다렸다. 배에서 꼬르륵 소리라도 날까 조바심이 나 그를 보내고 싶었다. 그런데 그는 괜찮은 근처 식당을 소개해 달라고 했다. 별수 없이 나는 또 가지밥을 했다. 가을이었으니까.

가을 호박을 뚝뚝 잘라 넣고 된장찌개를 끓여서 상을 차렸다. 늘 냉이된장국 타령을 하던 사람이었기에 마음이 쓰였던 것 같다. 그는 그날 밥을 정말 많이 먹었다. 허겁지겁 먹는다는 표현이 왜 생겼는지 알 것 같았다. 어떻게든 그냥 보내고 우리끼리 먹으려던 생각을 잠시나마 했던 것이 미안해질 만큼 맛있게 먹었다. 그러고는 정말 잘 먹었다는 인사를 남기고 떠나갔다.

문밖에서 그가 돌아가는 모습을 보는데 갑자기 눈물이 왈칵 쏟아졌다. 그렇게 당당하게 자신을 드러내고 뭔가를 요구하면서 찾아오던 그는 어디로 갔는지 없고 허리가 부메랑처럼 휘어서는 한쪽 다리를 절며 걸어서 멀어지는 한 남자만 있었다.

　문을 열고 들어올 땐 보지 못했던 저 뒷모습을 그냥 밥도 안 주고 보내면서 보았으면 어떠했을까? 그 생각을 하는 내가 싫었다. 식당으로 보내지 않고 비록 소찬으로 차렸지만 같이 밥을 나누어 먹기를 잘했다는 생각이 들었다. 참으로 다행이었다.

　서울서 왔던 동네 부엌 팀은 그 뒤 커피를 한 상자 사 가지고 다시 다녀갔다. 하지만 그 남자는 그 뒤로 가끔 하던 전화 소식도 없고 얼굴도 보여 주지 않았다. 그가 다시 찾아온다면 이번엔 정말 웃으면서 반갑게 맞아 마음을 다해서 밥상을 차려 주고 싶다. 그날처럼 가지밥을 맛있게 먹는 모습을 다시 보고 싶은데, 그런 날이 오기는 할지.

● 가지밥 짓기

재료(4인분 기준)

가지고지 50g, 쌀 2컵, 돼지고기(불고기감) 100g, 물 2컵, 들기름 1큰술,
간장 1큰술
양념장 : 간장 1큰술, 물 1큰술, 참기름 1큰술, 다진 파 1큰술,
　　　　다진 마늘 1작은술, 고춧가루 1작은술, 깨소금 1큰술

만드는 법

① 쌀은 깨끗이 씻어 30분간 불린다.
② 가지는 물에 한 번 씻어 미지근한 물에 15분간 불린다.
　 불린 가지는 길쭉하게 반을 가른 뒤 3~4mm 정도 두께로 썬다.
③ 불린 가지를 먹기 좋은 크기로 찢거나 썬다.
④ 돼지고기는 가지와 비슷한 크기로 자른다.
⑤ 불린 가지와 돼지고기에 간장과 들기름을 넣고 조물조물 무친다.
⑥ 불린 쌀을 넣고 밥물을 부은 다음 불린 가지와 돼지고기를 넣어
　 압력솥에 밥을 한다.
⑦ 밥이 끓기 시작해 압력솥의 추가 흔들리면 1분 정도 기다렸다가 불을 끈다.
⑧ 저절로 김이 빠지면 뚜껑을 열고 밥을 골고루 섞어 푼다.

버섯밥

간장의 이름을
다시 찾기 위해 짓는 밥

●

『 간장은 음식의 간을 맞추는 기본양념으로, 짠맛·단맛·감칠맛 등이 섞인 독특한 맛과 특유의 향을 지니고 있다.

간장은 농도에 따라 진간장·중간장·묽은간장으로 나눈다. 각각 짠맛·단맛의 정도와 빛깔이 다르므로 음식에 따라 다르게 쓰인다. 담근 햇수가 1~2년 정도 되는 묽은간장은 국을 끓이는 데 쓰고, 중간장은 찌개나 나물을 무치는 데 쓰고, 담근 햇수가 5년 이상 된 오래된 진간장은 달고 가무스름하여 약식(藥食)이나 전복초(全鰒炒) 등을 만드는 데 쓴다.

예로부터 간장 담그는 일은 가정의 중요한 연례행사로 여겨, 메주 만들기·메주 띄우기·장 담그기·장 뜨기 등이 초겨울부터 이듬해 초여름까지 계속되었다. 간장 맛이 좋아야 음식 맛을 낼 수 있다 하여, 장을 담글 때는 반드시 길일을 택하고 부정을 금하였으며, 재료 선정은 물론이고 저장 중 관리에도 세심한 주의를 기울였다.

장 담그기는 재래식과 개량식, 두 가지 방법이 있다. 재래식은 가을에 콩으로 메주를 쑤어 온돌에서 띄운 다음, 이듬해 봄에 햇볕에 말린 메주를 소금물에 담그는 방식이다. 그걸 볕이 잘 드는 곳에서 30~40일 가량 두어 충분히 우리고 그 즙액만 떠내어 체로 걸러서 솥에 붓고 달여서 만든다. 소금의 농도는 18~20% 정도가 적당하다.

개량식은 황국균을 써서 만든 개량 메주로 담근다. 재래식 메주는 취급 과정에서 여러 종류의 세균과 곰팡이가 번식하므로 품질이 균일하지 못하고 잘못 관리하면 좋지 않은 맛과 냄새가 나기도 한다. 개량 메주는 단백질과 녹말을 가수분해하는 힘이 강한 한 종류의 곰팡이를 번식시켜 만들어 품질이 균일하고 감칠맛이 강하게 나타난다. 그러나 이 맛은 너무 단순하여 집집마다 독특한 장맛을 지니던 때의 향수를 느끼게 한다.

재래식과 개량식 간장은 모두 양조간장으로, 제조하는 시일이 오래 걸리므로 공장에서는 아미노산 간장을 제조해 팔기도 한다. 아미노산 간장을 만들 때는, 콩가루·콩깻묵·땅콩깻묵·간장비지 등 단백질 원료를 염산으로 가수분해하여 가성소다나 탄산소다로 중화시킨다. 그렇게 얻은 아미노산에 소금 간을 하고 재래식 간장의 색·맛·향기를 내는 화학약품을 첨가해 만

든다. 재래식 간장을 만들 때보다 제조 시간이 단축되지만 풍미가 많이 떨어진다.

간장은 0.6~0.9%의 질소, 20% 내외의 염분, 1% 내외의 당분과 10% 가량의 고형분을 함유한다. 아미노산의 분해 산물인 멜라닌과 멜라노이딘 성분으로 인해 간장은 갈색을 띤다. 그 고유의 맛은 β-메틸메르캅토프로필알코올에 의하여 생겨난다. 간장 특유의 냄새는 알코올·알데히드·케톤·휘발성산·에스테르·페놀 등이 혼합되어 생긴다.

장맛이 변하면 집안에 불길한 일이 생길 징조라 하였다. 그래서 장을 담그려면 우선 택일을 하고 고사를 지냈다. 장을 담글 때는 신일(辛日)을 기피했다. 이것은 신(辛)이 '신맛'과 음이 같으므로 장이 시어지는 것을 꺼리던 관념에서 나온 금기라 할 것이다.

정유재란 때에 어전회의에서 선조가 영변으로 피난 갈 것을 정하고 장을 준비하는 일에 신 씨(申氏) 성을 가진 사람을 합장사(合醬史: 장을 다루는 사람)로 파견하려 하자 신이라는 성은 장 담그기를 꺼리는 날인 신일과 음이 같아 좋지 않다고 반대하였다는 일화도 있다. 신씨(申氏)나 신 씨(辛氏) 가문에서는 성이 다른 사돈집에 가서 장을 담가 그 이튿날 옮겨오는 풍습이 있었고, 신 씨의 이웃집에서는 신 씨 집 담과 가장 멀리 떨어진 곳에 장독대를 설치하였다.

장을 담그는 주부는 사흘 동안 부정을 타서도 안 되고, 외출도 안 되고, 개를 꾸짖는 것도 금해야 했다. 심지어 여성의 음기(陰氣)가 간장에 닿지 않도록 입을 창호지로 봉하고 작업했다. 장독에는 금줄을 치고 버선을 붙였다. 그것은 부정한 요소의 접근을 막거나, 혹은 부정한 요소가 버선 속으로 들어가 없어지도록 하려는 의도에서였다. 또, 주술적 의미로 고추나 숯을 장 위에 띄웠다. 그것은 살균과 흡착 효과도 있었다.

가정의 일 년사를 노래한 《농가월령가(農家月令歌)》 중의 삼월령에는 "인간의 요긴한 일, 장 담는 정사로다/ 소금을 미리 받아 법대로 담그리라/ 고추장 두부장도 맛맛으로 갖추하소"라 하여 장 담그는 일을 노래하고 있다. 유월령에서는 "장독을 살펴보아 제맛을 잃지 말고/ 맑은 장 따로 모아 익는 족족 떠내어라/ 비 오면 덮겠은즉 독전을 정히 하소"라 하여 장 관리하는 일을, 십일월령에서는 "부녀야, 네 할 일이 메주 쑬 일 남았도다/ 익게 삶고 매우 찧어 띄워서 재워 두소"라 하여 메주 띄우는 일을 노래하고 있다. 우리는 철 따라 장 담그는 것을 주부의 가장 중요한 일로 알았으며, 그러한 정성을 다함으로써 우리 고유의 맛이 생겨나고 이어져 내려온 것이다.」

− 《한국민족문화대백과사전》 중에서

　　간장에 대한 《한국민족문화대백과사전》의 기록을 옮겨 보았다. 우리 선조는 철 따라 장을 담그는 것을 가장 중요한 일로 여겼고, 정성을 다해 각 가정 고유의 장맛이 나온다고 하였다. 나의 할머니가 그러셨고, 어머니를 거쳐, 나도 해마다 장을 담근다. 가까운 시장이나 마트에 가면 저렴한 가격에 몇 개월은 너끈히 먹을 간장을 살 수 있지만 나는 그러지 못하고 해마다 장을 담근다. 사 먹는 간장은 내가 원하는 음식의 맛을 내 주지 못하기 때문에 해마다 간장을 담그는 수고를 마다하지 않는다.

　　사람들은 집에서 담그는 간장으로는 국에 간을 하는 것으로만 안다. 그것도 대부분 미역국을 끓이는 용도로만 사용하고 있다고들 말한다. 아마도 대기업에서 국간장이라는 이름을 붙여서 팔기 때문에 굳어져 가는 폐해가 아닐까. 다행히 나는 할머니와 어머니의 음식을 좋아하고 기억하고자 노력하며, 간장 하나로 꽤나 많은 음식을 해내고 있다.

우리가 장을 담그지 않게 된 이유는 여러 가지가 있겠지만 그중 큰 이유로는 집에서 담그는 간장으로 해 먹을 음식의 조리법을 잘 알지 못하는 데 있다. 수많은 요리 선생들이 대기업의 간장으로 만드는 음식의 조리법을 소개하고 교육하기 때문에 이런 현상은 가속화되고 있다. 대기업에서 만드는 간장 중에는 우리와 같은 방법은 아니지만 육 개월 정도의 발효를 거치는 양조간장이 있다. 양조간장 외에 외국에서 수입해 오는 탈지대두(기름을 짜고 남은 대두박)에 남은 단백질을 염산으로 분해하여 만든 아미노산액을 이용해 만든 산분해간장이 있다. 상품으로 팔리는 간장에 산분해간장이라는 표현은 사용하지 않는다. 100% 산분해간장은 아니지만 사실 혼합간장이라고 불리는 간장은 산분해간장에 양조간장을 약간 섞어 만든 것이다.

우리가 일제에 의해 강제로 점거 당하고 있던 시절 일본은 태평양전쟁을 일으켰고 군수물자로 손쉽게 만들 수 있는 간장 대용품이 필요했다. 이때 정어리 찌꺼기나 콩깻묵 등의 단백질을 염산으로 분해해서 2~3일 만에 만든 것이 산분해간장이다. 1930년대 이후 전쟁 탓에 물자가 귀해서 어쩔 수 없이 먹었던 것이다. 그러나 정작 일본은 전쟁이 끝나자 자신들의 식탁에서 산분해간장을 퇴출시켰다. 하지만 우리는 여전히 대부분 산분해간장으로 만들어진 혼합간장을 식탁에 올리고 있다.

산분해간장을 만들 때에는 염산으로 단백질을 분해하는 과정에서 대두박 속에 남아 있던 지방과 염산이 만나 '3-모노클로로프로판디올(3-MCPD)'와 '디클로로프로판올(DCP)'라는 발암·불임 물질이 만들어진다. 학계에서는 유럽에 비해 1/12배로 느슨한 국내 기준을 문제 삼기도 하고 때로 혼합간장에 기준치 이상의 3-MCPD, DCP가 검출되어 전량 폐기된 일도 있다.

간장은 집에서 담가 먹으라고 권하고 싶다. 그런 내 생각에 동의하는 사람들이 하나둘 늘고 있고, 2017년부터 서울시에서는 은평구의 서울혁신파크 안에 서울 시민의 장독대를 설치하고 장 담그기 행사를 하고 있다. 비록 아직은 그 숫자가 미미하지만, '개미구멍 하나로 둑이 무너진다'고 더 노력하고 기다려 볼 생각이다.

그런 의미로 지난 가을엔 '진간장식당'이라는 팝업레스토랑 행사를 한 적이 있다. 브랜드명으로서의 진간장이 아니라 진짜 우리의 간장인 진간장을 가지고 조리하는 음식을 일반 대중에게 먹여 보자고 시작한 일이었다. 에그피알이라는 홍보대행사의 협조를 얻어 진행했던 진간장식당에서 어떤 음식으로 간장의 참맛을 보여 줘야 할지 오래 고민을 하고 또 고민을 한 결

과, 반찬이 필요 없는 한 그릇 밥으로 버섯밥을 선택했다. 가을이 제철인 각종 버섯들을 넣고, 들기름과 간장 한 스푼을 넣어 짓는 밥이다. 버섯밥에는 지렁 종지는 아니지만 비빔장으로 표고버섯간장을 함께 내놓았다.

나는 밥을 할 때, 쌀을 선택하고 때로 무엇으로 간을 맞출지도 선택한다. 어떤 밥은 그냥 쌀이나 잡곡으로만 하고 어떤 밥에는 간을 하는데 그 간으로 내가 담근 간장만 한 것이 없다. 때로 소금이 가장 적절한 간인 밥도 있지만 대부분의 밥들이 간장으로 간을 한 것의 맛을 따라잡기는 어렵다. 간장은 그야말로 간을 하는 장으로 선조들이 소금을 좀 더 맛있게 먹기 위해 오랜 세월에 걸쳐 변화, 발전시켜 온 발효 소금이기 때문이다.

흔히들 우리의 밥이 일본에 비해 맛이 없다고들 한다. 일본 쌀이 우리 쌀보다 좋아 밥맛이 다르다면서. 나도 예외는 아니어서 일본으로 여행을 다니고 일본의 밥을 먹곤 했다. 그러면

서 깨달은 것이 있다. 우리의 밥맛이 없다고 하지만 사실은 밥에 대한 우리의 태도가 문제였다.

우리는 끼니로 여러 음식들을 식탁 위에 차리고, 밥상이라고 부른다. 밥상이라는 말에는 우리가 주식으로 먹는 밥이 중요하다고 강조하고 또 강조하는 무의식이 작동하고 있다고 생각한다. 하지만 오늘날 우리는 밥이 중요하지 않은 밥상을 차리며 눈을 현란하게 만드는 반찬이나 밥 대용의 국수, 면, 육류 등에 빠져서 산다. 밥이 주인인 우리의 밥상을 다시 찾고 싶다.

간장으로 지은 제대로 된 밥맛의 음식을 알리고 싶어서 진행한 행사가 '진간장식당'이었고, 그 행사를 위해 선택한 밥이 버섯밥이었다. 진간장식당에 많은 사람들이 와서 밥을 먹고 갔다. 여느 다른 행사를 준비할 때처럼 그날도 재료를 거의 두 배나 많이 준비해 갔지만, 동이 나 버려 함께 수고한 사람들이 밥을 제대로 먹지 못해 무척 미안했다. 한 끼 밥을 먹고자 먼 길 오는 사람들을 위해 차돌박이를 약간 추가했지만 처음 시작은 오로지 버섯밥이었다. 그날의 밥맛은, 그날 밥을 먹고 간 한 친구의 후기로 대신한다.

"조각난 차돌박이가 맛을 하나로 일궜다. 작은 버섯들이 서로를 이끌었다. 맛을 아끼고 되새기는 마음이 허기를 눌렀다. 양념 따위 필요 없는 한 그릇에 슬쩍 짜증이 났다. 그동안 나는, 대체 무엇을 먹어 왔던 것일까."

● 버섯밥 짓기

재료(4인분 기준)

쌀 2컵, 물 2컵, 버섯들 300g, 들기름 1큰술, 간장 1큰술

양념장: 물 1큰술, 간장 1큰술, 다진 쪽파 1큰술, 깨소금 1큰술, 참기름 1큰술

만드는 법

① 쌀을 씻어 건져 30분간 불린다.

② 표고버섯은 손바닥으로 잡고 탁탁 털어 얇게 썬다.
   건표고버섯을 불려 쓰면 더 좋다.

③ 느타리버섯은 가늘게 찢는다.

④ 팽이버섯은 밑동을 잘라내고 길이로 이등분한다.

⑤ 다른 버섯들도 같은 방법으로 비슷한 크기로 썰거나 찢는다.

⑥ 불린 쌀을 압력솥에 넣고 물을 부은 다음, 들기름과 간장을 넣는다.

⑦ 준비한 버섯들을 쌀 위에 얹는다.

⑧ 흰쌀밥을 짓는 방법으로 압력솥에 밥을 한다.

⑨ 양념장과 함께 낸다.

● 차돌박이버섯밥 짓기

재료(4인분 기준)

쌀 2컵, 물 1.9컵, 간장 1큰술, 청주 1큰술, 차돌박이 100g, 각종 버섯 250g

양념장: 물 1큰술, 표고간장(표고버섯 20개, 간장 1컵) 1큰술,
다진 표고 1큰술, 쫑쫑 썬 쪽파 1큰술, 다진 고추 1큰술,
깨소금 1큰술

만드는 법

① 쌀은 깨끗이 씻어 건져 한 시간 동안 불린다.
② 버섯은 먹기 좋은 크기로 찢거나 썰어서 준비한다.
③ 압력솥에 불린 쌀과 밥물을 넣는다.
④ 간장과 청주를 같이 넣는다.
⑤ 쌀 위에 준비한 각종 버섯을 올린다.
⑥ 버섯 위에 차돌박이를 먹기 좋은 크기로 썰어 얹는다.
⑦ 흰쌀밥을 짓는 방법으로 압력솥에 밥을 한다.
⑧ 양념장과 함께 낸다.

겨울 冬

밥을 지다 사람을 만나다

시금치밥
시래기밥
오곡밥
김치밥
콩나물해장밥

겨울 지리산 골짜기는 춥고 길어 몹시 지루하다. 오죽하면 외지에서 들어온 사람들은 우리 마을엔 봄과 가을이 없고 오로지 여름과 겨울만 있다고 엄살이다. 입춘도 지나고 경칩도 지났는데 며칠째 눈이 내렸다. 마을로 올라오는 길이 미끄러워 아예 큰길가에 차를 버려두고 왔다. 이럴 땐 냉장고며 이곳저곳을 뒤져서, 있는 것 없는 것 다 찾아 밥해 먹기에 돌입한다. 넉넉한 것으로 치면 김장김치만 한 것이 없으니 김장김치를 요리조리 이용한 반찬이 밥상 위에서 이어달리기를 시작한다.

콩나물해장밥

해장국 대신
해장밥

●

결혼이 하고 싶었다. 곧 서른이었고 독립을 하고 싶은 욕구가 더는 참을 수 없는 지경에 이르렀다. 다행인지 불행인지 어머니가 하시던 일이 잘못되어 온 가족이 한 집에서 살기 어려워졌고 나는 그 틈을 타서 직장이 멀다는 핑계로 독립을 했다. 그러는 사이 한 남자를 만나 결혼했다. 땅속으로 꺼져 들어갈 듯 고개를 외로 꼬고, 아래로 숙인 채 손은 바지 주머니에 넣고선 늘 비틀거리며 성남행 마지막 버스를 타고 귀가하는 남자였다, 그 남자는.

내 안에 어쩌자고 그 남자를 어여삐 여기는 마음이 생겨나 결혼까지 하게 되었는지 두고두고 화가 나서 물리고 싶은 마음으로 살았다. 지금도 다르지는 않다. 남편이 서운하다 해도 상관없고 사실을 왜곡하지는 않았으니 오히려 당당하다. 내가 큰

소리를 치는 이유는 오로지 하나로 남들에겐 대단할 것 없는 아주 사소한 것일지도 모른다. 어쩌면 비난의 손가락질을 받을지도 모르겠다.

결혼 전에 남편을 만나면 처음엔 밥으로 시작했는데 어느새 우리 앞에 여러 개의 술병이 놓여 있었다. 그는 월급을 타자마자 직장 근처 밥집과 술집에 가 외상으로 먹은 술값과 밥값을 갚는 남자였다. 그리고 일주일도 안 되어 다시 외상으로 밥을 먹고 술을 마시는 일상이 반복되었는데 그때는 그걸 심각하게 받아들이지 못했다. 바보같이 내 결혼 생활이 이리될 걸 그때 눈치채고 집어치웠어야 했는데 나는 그러지 못했다. 세상 잣대와는 다른 멋진 삶의 철학을 가진 사람이라고 착각했던 것 같다. 방 한 칸 얻어 결혼할 경제적 능력 하나 없는 것이 마치 세상과 타협하지 않고 정직하게 사는 사람으로만 보였다. 게다가 워낙 정치적으로나, 사회적으로 불안한 시대였으니 어찌 술을 마시지 않고 맨 정신으로 단 하루라도 견딜 수 있겠냐며 같이 울분을 터뜨리곤 했다. 멍청하게도.

내가 아름다움에 관심이 없는 것이 아니고 단지 게을러서 화장을 못하는 사람이었음에도 불구하고, 그는 화장하고 옷 치장에 시간을 들이는 여자들과는 다른 나를 칭찬했다. 그 남자와 있는 시간에 나는 더욱 그랬던 것 같다. 그래서들 눈에 콩깍지가 씐다고 말하는가 보다.

그래서 그랬을 거다. 그런 세상을 힘들게 견디고 있는 정의로운 그 남자의 건강을 생각한답시고 그 남자가 소주병을 열 때마다 한 병에 한 잔씩 내가 대신 마셨다. 내가 마시는 한 잔만큼 그 남자가 덜 마시려니 하고 시작한 작은 배려는 나중에 보니 그 남자의 건강에 도움이 되기는커녕 새로운 술병을 하나 더 열게 하는 화근이 되고 있었다. 어쩌면 애초에 그 남자의 주량에서 한 잔이라도 술을 빼앗아 마시는 건 불가능한 일이었는지도 모른다. 그 주량이라는 것이 우리가 흔히 생각하는 주량과 다르게, 자신이 만족스러워 그만 마셔야겠다고 생각하는 시점까지의 술의 양을 그의 주량이라고 하는 것이 옳은 계산이겠지만.

결혼을 하겠다고 그 남자의 시골집으로 인사를 하러 갔다. 그곳에서 나는 그의 가족들이 살아 내는 힘의 원천을 밥상 위에서 발견했다. 밥상에 떡하니 버티고 있는 됫병 소주와 소주를 맥주잔에 담아 마시는 걸 보았으니 이미 예감한 것이 분명했겠지만 스스로 모른 척했나 보다. 그렇게 나는 그 남자가 마시는 술을 무심한 듯 외면하고, 당연한 듯 장단을 맞추면서 친분을 쌓고 있었다. 그 남자가 남편이 되면서 외면하고 장단 맞추고 지낸 시간들이 어리석었음을 깨닫고 우리는 부부 싸움을 시작했다. 하루가 멀다 하고 싸웠다.

결혼 전에는 밖에서 만나 같이 밥을 먹다가 술이 되고 술이 다시 술을 부르는 일이 반복되었다면, 결혼 후에는 혼자 나가 술을 마셨다. 심하게는 술 약속이 있다고 나가 며칠씩 연락이 안 되는 날도 있었다. 그러다가는 후배라고, 선배라고, 동료라고 소개하며 술 취한 몇몇을 집으로 들여 술상을 보게 하고 밤새 술을 마셨다.

직장에 다니지 않고 집에서 일하는 사람들의 애환이 어떤 것인지 짐작하기에 적당히 눈감았고, 눈감는 날보다 더 많은 날들을 싸웠다. 잔소리하면서도 술 깨라고 이런저런 해장국을 끓여 줬다. 너무 자주, 너무 많은 양의 술을 마시고 들어왔지만 해장국을 끓여 주면 미안해서라도 술을 끊거나 줄이기는 하겠지 하며 또 해장국을 끓였다. 그래도 변화가 없으니 화가 나서 국물도 없는 밥상을 차리기도 하고, 화가 솟구치면 아무것도 차리지 않았다. 국물도 없는 밥상을 내거나 아예 굶기는 날이면, 나는 겉보기엔 불처럼 시뻘겋게 타오른 얼굴이었지만 속으로는 건강을 상하기라도 하면 어쩌나 하고 한걱정을 했다.

결혼하고 십 년쯤 지난 어느 날 남편은 동료 작가의 인터뷰에 나를 데려갔다. 그곳에서 나는 충격적인 사실을 확인하고 남편과 크게 싸웠다. 내가 좋아하는 가수와 이름이 같은 후배 시인 때문이었다. 정말로 어처구니가 없는 사실 앞에서 충격을 받아 나는 할 말을 잃었다. 남편은 그 시인이 어렵게 산다며 늘 술도 사고 밥도 사고 잠도 재우고 택시비도 주면서 그 후배에

게 충성했고 그 충성심을 나에게까지 강요했다. 그런데 그 후배 시인이, 약간 과장해서, 화장실이 30평인 집에서 살고 있다고 동료 작가의 부인이 내게 알려 줬다. 족히 십 년은 되는 그동안의 충성심에 배신감이 몰려와 정신을 차릴 수가 없었다.

사실을 확인하는 남편에게 그 후배는 '그 집은 아내 것이지 자기 집이 아니다'라고 했다면서 나를 크게 한 번 웃겼다. 그 사건이 벌어지고, 남편은 더 이상 나에게 누군가를 위해 술을 사야 한다거나 잠을 재워야 한다거나 차비를 줘야 한다는 식의 충성심을 강요하지 못했다. 그래도 술을 끊지는 못하고 여전히 술을 마시러 나갔고 집에서 술을 마셨다.

주로 집에서 일하는 사람이라 자신을 제어하면서 규칙적으로 생활하기가 쉽지 않다. 그래서 이해하려고 했지만 기상천외한 행동으로 나를 놀라게 하는 남편의 음주력과는 좀처럼 화해하기 어려웠다. 남편은 야행성 인간을 넘어 아예 낮과 밤이 바뀐 생활을 하는 사람이다. 남들이 자는 시간에 일어나 일하고, 남들이 일터로 가는 시간에 잠자리에 들고는 했다.

저녁에 밥상을 차리면 남들이 퇴근하고 한잔하러 가는 시간이니 자기도 한잔해야겠다며 술병을 들고 식탁으로 왔다. 일을 시작하기도 전부터 술을 마시면 어쩌려고 그러는지 물으면 남들의 하루 시간대에 맞춰 자신도 사는 것이라 했다. 그뿐 아니라 아침이 되면 이제 하루 일과를 끝내고 쉬는 시간이니 한잔해야겠다면서 아침부터 술잔을 기울였다. 그런 남자와 사는 일이 버거웠고 여전히 힘들다.

노인들이 "늙으면 죽어야 한다"는 말을 입에 달고 사는 것과는 다르겠지만 남편은 "이제 술 끊었다"는 말이나 "술을 끊겠다"는 말을 시시때때로 하면서 여전히 술을 마신다. 술에 취해 혀가 꼬부라지고 눈이 풀리고 걸음이 흐트러져도 술을 마시지 않았고 취하지 않았다고 말한다. 아내가 남편의 눈빛이나 말소리만으로도 대략 어느 정도의 알코올에 자신을 팔았는지 가늠할 수 있다는 걸 알지 못해서 자꾸 허튼소리를 했다.

    남편이 술 마시는 걸 왜 그렇게 병적으로 싫어하느냐고 물으면 가족이기 때문이라고 답할 것이다. 술 한 잔이 술을 부르고, 원하는 만큼의 술이 들어가지 않으면 어떻게 해서든 다시 술을 찾아 마시는 사람과 같이 살고 있지 않기 때문에 그런 소리를 하는 것이라고 말해 주고 싶다. 술을 마신 후 조용히 잠을 자거나 기분이 좋아져서 주변 사람들을 즐겁게 해 준다면 나는 술자리를 마련하고 같이 즐기고 싶다. 하지만 술기운이 퍼지면 평소에 쌓였던 울분이 터지고 기분이 나빠져 주변 사람들의 감정을 건드린다면 문제는 달라진다. 이혼을 하고 싶다고도 생각하고 그러자고 말하기도 했지만 나는 이혼하지 못하고 여전히 함께 살고 있다. 우유부단하고 소심해서 행동으로 옮기지 못하는 것일 수도 있다. 아니면 혼자 살 자신이 없어 남편에게 의지하고 싶어서이기도 하겠다.

    이유가 궁금해서 내가 내 속을 들여다보다가 남편과 결혼해야겠다고 결심했던 때로 돌아가는 나를 발견한다. 일주일에 한 회 나가는 라디오 방송의 원고를 게으름 부리지 않고 꼬박 써내며 방송사고 따위 한 번 낸 적 없이 700회를 넘겼으니 참으로 무던하고 성실한 사람이었다는 생각에 멈춘다. 여전히 남한테

모진 소리 못하는 선한 성품의 소유자라 나도 모질어지지 못한다. 나쁜 짓이라고 해 봐야 술 취해서 하는 노상방뇨 정도일 사람이라 자꾸 용서가 된다.

그렇게 저렇게 우리 부부는 이제 둘 다 육십을 넘긴 나이가 되었다. 만나기만 하면 싸우던 때를 넘겨 좀 더 유연해지는 나이가 되었다. 나이를 먹으면서 조금씩 무뎌지고 약간씩 지혜로

워져서 가능하면 자주 대면하지 않는다. 다행히 나에게 외부의 일이 많아서 전국 곳곳으로 돌아다니다 보니 자연스럽게 떨어져 지내는 시간이 늘어나 일부러 노력하지 않아도 된다. 얼마나 다행인지.

아마도 이렇게 늙어갈 것이고 내 바깥 일이 줄어들어 집에 있는 시간이 늘어나면 남편과의 관계도 달라질 것이다. 그나마 다행히도 남편은 자기가 먹을 한 끼 밥 정도는 거뜬히 해결할 줄 아는 사람이다. 내 생일에 미역국을 끓여 상을 차려 줄 정도는 되니 내가 등이라도 두드려 주면서 대견하다고 말하면 까분다고 언짢아할지도 모르겠지만, 집을 자주 비우는 내 입장에서는 고맙기 그지없다.

아무리 나이를 먹고 남편과의 관계에 여유가 생겼다 해도 나는 나 자신을 지나치게 괴롭히는 소심하고 뒤끝이 긴 사람이다. 그래서 가끔 남편이 눈치채지 못하게 골려 먹는 재미를 즐긴다. 남편이 남의 편인 것 같고 괜히 밉상일 때가 있다. 술 마신 다음 날 혹시나 해장국이라도 시원하게 한 그릇 끓여 주려나 하고 은근히 바랄 때 국물 한 방울 없는 밥상으로 소심한 복수를 한다. 하지만 그 복수 안에는 남편을 향한 나만의 배려가 있음을 남편은 눈치채지 못한다. 해장국을 끓이는 대신 콩나물과 북어로 해장밥을 한다. 입에서는 쓰지만 술독을 해결하는 훌륭한 밥임을 남편이 알 리는 없다. 쉿, 비밀이다.

● 콩나물해장밥 짓기

재료 (4인분 기준)

쌀 2컵, 북어포 20g, 들기름 1큰술, 소금 1작은술, 청주 1큰술

콩나물 300g, 물 3~4컵

양념장 : 간장 1큰술, 물(육수) 1큰술, 쪽파 3뿌리, 다진 마늘 1작은술,
참기름 1큰술, 깨소금 1큰술

만드는 법

① 쌀을 씻어 건져 30분간 불린다.

② 콩나물을 다듬어 깨끗하게 씻는다.

③ 냄비에 물 세 컵을 붓고 센 불로 끓이다가 물이 끓기 시작하면 콩나물을 넣고 뚜껑을 열어 놓은 채 6~7분간 삶는다.

④ 삶은 콩나물을 건져 찬물에 5분 정도 담갔다가 건져 물기를 뺀다.

⑤ 북어포를 흐르는 물에서 빠르게 씻어 물기를 꼭 짠 뒤 잘게 찢는다.

⑥ 압력밥솥에 북어포와 들기름을 넣고 달달 볶는다.

⑦ 북어포를 볶은 솥에 불린 쌀과 콩나물 삶은 물 2컵을 넣고 청주를 넣은 다음 흰쌀밥을 짓듯이 밥을 한다.

⑧ 밥이 되는 사이 양념장을 만든다.

⑨ 밥이 다 되면 물기를 빼놓은 콩나물을 같이 넣고 고루 잘 섞어 퍼서 양념장과 함께 낸다.

김치밥

겨울과의
이별 연습엔 이 밥

●

 기억해 보면 할머니도 어머니도 늘 밥솥을 올려놓고는 밥이 되는 사이에 국을 끓이고 반찬을 하느라 분주했다. 어린 나는 우리 전통 식생활은 밥도 하고 반찬도 해야 하니 일이 많고 불편하다고 생각했다. 더구나 학교에서 우리 음식은 주식과 부식, 그러니까 밥과 반찬으로 명확하게 분리된다고 배웠기에 더 그랬다.

 서양 사람들은 우리와 다르게 애피타이저라 부르는 전식부터 본식과 후식까지 시간차를 두고 다양한 코스로 즐기며 먹는다고 했다. 오므라이스나 카레라이스, 함박스테이크나 돈가스 같은 음식을 해 먹는데, 그것을 한 그릇에 담는다고 '일품요리'라 부른다고 했다. 수업을 받으면서 우리에겐 그런 일품요리 따위는 아예 없었던 것처럼 이상한 편견이 각인되었다.

나와 친구들은 '언젠가 한번 근사하게 그 길고 다양한 코스 음식을 먹으러 가리라' 하는 꿈을 키웠다. 스푼과 포크, 나이프를 제자리에 놓고 육류냐 해산물이냐에 따라 다른 와인을 마시고 식탁에는 흰 천이 깔리고 갓 구운 빵 냄새가 솔솔 나는 풍경. 이처럼 우리를 들뜨게 하는 서양 코스 음식은 미팅 장소로 나갔던 경양식집 음식과는 다른 것이었다.

운 좋게도 그 꿈은, 우리 과에서 졸업을 앞둔 겨울방학에 하는 사은회에서 실현되었다. 번화한 명동 거리 건너편 골목에 '외교구락부'라는 꽤 유명한 식당이 있었다. 해방 후 문을 연 그곳엔 당시 내로라하는 정계·재계·문화계 인사들이 사랑방처럼 들락거렸다. 1980년대 초, 내가 다닌 학교의 졸업 사은회는 영광스럽게도 그곳에서 서양 음식을 풀코스로 먹는 것으로 진행되었기 때문이다. 단지 한 끼 식사였는데 밥값이 얼마나 비쌌던지 한 번에 낼 수 없던 게 분명하다. 한 학기 내내 모아서 등록금처럼 내고 갔던 기억이 있는 걸 보면. 사범대학을 졸업해 사회에 나가 아이들을 가르칠 우리들이 거쳐야 할 필수 코스인 것처럼 교수님들이 인도해서 간 식당이었다.

먹어 보지도 못한 생경한 음식들 종류며 포크와 나이프 위치며 그걸 들고 먹는 순서며 메인 요리의 종류에 따라 선택하는 와인 종류며 요리가 제공되는 순서를 외우고 또 외웠다. 정장을 입고 핸드백도 맞춰서 들고 구두도 챙겨 신으라고 미리

반복 교육까지 받았다. 추운 겨울이라 코트까지 챙겨 입었다. 그러느라 안 그래도 비싼 한 끼 식사에 더 많은 비용이 추가로 지출되었다. 그 식당은 입구에서부터 코트를 받아 걸어 주고 들고 간 핸드백을 받아 따로 보관해 주는 서비스를 해 주었지만 나 같은 이십 대 초반들은 너 나 할 것 없이 주눅이 들었다.

　교수님들이 나 때문에 부끄러움을 당하면 안 되고, 서비스를 제공하는 사람들에게 흠 잡혀 두고두고 입에 오를 상황을 만들지 말아야 할 식사 시간이었다. 스프를 골라야 했고 밥을 먹을지 빵을 먹을지 선택해야 했다. 밥을 먹는다고 하면 촌스럽다고 할까봐 친구들끼리 빵을 주문하자고 미리 약속했다. 핏빛이 선연한 스테이크를 보고는 생고기 피비린내가 날까 봐 노심초사하며 얼른 입에 넣었다. 단 한 번도 그렇게 긴장하며 식사를 한 적이 없었기에 집으로 돌아오는데 대체 무얼 먹긴 한 건지 기억나지 않고 배가 고픈지 부른지도 몰랐다. 멍한 상태로 있다가 내릴 정류장마저 지나쳐 버렸다. 한 구간을 되돌아 걷는데 왠지 다리에 힘이 빠졌다. 그날 그 상황을 넘기며 세상살이에 대한 오기가 생겨야 마땅했는데, 나도 어서 열심히 일해 돈 많이 벌어 그런 식당에서 당당하게 밥을 사 먹으며 살아야지 하는 꿈을 꾸어야 마땅했는데, 그 전에도 후에도 나는 그러지 못했다. 그건 아마도 그날 집으로 돌아가 먹은 어머니의 밥 때문이었던 것 같다.

멋진 식당으로, 내 인생 최고의 밥을 먹으러 가느라, 무리해서 옷을 사 입고 새 가방을 걸치고 구두를 신었지만, 옷은 어색했고 가방도, 구두도 모두 익숙하지 않아 불편했다. 더 불편했던 건 옷과 가방을 받아 보관해 주는 서비스였고, 가장 불편했던 건 음식과 그 음식을 먹는 문화였다. 주눅 들고 몸이 오그라들어 돌아온 나는 헛헛함을 잊으려고 부엌으로 들어가 어슬렁거렸다.

어머니와 식구들이 해 먹고 남은 김치밥이 꽃무늬 요란한 양은밥상 위에 덩그러니 올라 앉아 있었다. 커다란 양푼 하나를 찾아다 밥을 덜어 간장 한 숟가락 넣고 비벼서 방으로 들어가지도 않고 부뚜막에 앉아 퍼먹었다. 소화가 안 되는 것 같던 속이 편안해졌고 뭔가 부족한 속이 채워졌다. 더 열심히 살면서 악착같이 돈을 벌고 모아 그런 식당쯤은 마음만 먹으면 언제든 갈 수 있는 인생을 살아야지 하는 오기를 품었어야 했는데 나는 그러지 못했다. 생각해 보니 그날 식구들이 남긴 김치밥을 먹으며 편안하고 풍족해진 나는, 외교구락부 같은 식당에 가지 않고 살아도 괜찮겠다는 결론을 무의식에 내린 것 같다.

어린 시절엔 그 김치밥이 참 지겹고 싫었다. 나의 아버지 고향이 김치밥이 발달했다는 황해도 연백이라 그런지, 아니면 반찬거리를 살 돈이 없어서인지 어머니는 겨울의 끝자락 즈음엔 하루가 멀다 하고 김치밥을 해 주셨다.

김장을 하고 메주를 쑤어 매달면 그때부터 어느 집 밥상에서든 김치, 깍두기, 동치미, 갓김치, 호박김치 등 김치 열전이 이어졌다. 묵나물도 질세라 열전을 벌였다. 그런 밥상이 계속 차려졌다. 거기에 된장국, 된장찌개, 김치찌개, 김칫국, 청국장찌개 등이 번갈아 올라왔다. 그야말로 매일이 '그 밥에 그 나물'이었다.

어머니가 크게 마음을 내어 김치로 속을 꽉 채운 만두를 해주시면 그날은 정말 특별식 중의 특별식이라 생각하며 만두를 먹었다. 석 달간 김치와 된장, 고추장으로 버무린 음식들만 먹는 겨울은, 그야말로 겨울 추위처럼 재미없는 시간이었다. 그 끝이 김치밥이었다. 김장김치가 시기 시작하면 어머니는 김치밥을 했다. 김치밥은 겨울이 다 가도록 김칫국이나 김치전, 김치만두 등과 번갈아 상에 올랐다. 밥투정하는 사람이라면 미칠 지경인 겨울이었다고 할까. 그런 겨울의 끝자락, 외교구락부를 다녀온 나는 어머니의 김치밥과 화해 아닌 화해를 했다.

겨울 지리산 골짜기는 춥고 길어 몹시 지루하다. 오죽하면 외지에서 들어온 사람들은 우리 마을엔 봄과 가을이 없고 오로지 여름과 겨울만 있다고 엄살이다. 추위도 추위지만 자는 사이 내리는 눈이 더 무섭다.

입춘도 지나고 경칩도 지났는데 며칠째 눈이 내렸다. 마을로 올라오는 길이 미끄러워 아예 큰길가에 차를 버려두고 왔으니 외출은 적잖이 귀찮은 일이 되었다. 택배로 뭔가를 받으려 해도 큰길까지 나와서 가져가라 하니 인터넷으로 식재료를 주문할 수도 없다. 장을 미리 넉넉히 봐 두지 않으면 당장에 끼니 걱정을 해야 한다. 이럴 땐 냉장고며 이곳저곳을 뒤져서, 있는 것 없는 것 다 찾아 밥해 먹기에 돌입한다. 넉넉한 것으로 치면 김장김치만 한 것이 없으니 김장김치를 요리조리 이용한 반찬이 밥상 위에서 이어달리기를 시작한다. 이어달리기의 선두 주자로 김치밥이 단연 최고다.

  김치는 그 자체만으로도 훌륭한 음식이고, 또 다른 요리를 하는 식재료로도 손색없다. 김장김치는 더욱 그렇다. 김치볶음, 김치찌개, 김치밥, 김칫국, 김치만두, 김치전, 김치잡채 등 이것저것 해 먹을 수 있는 데다 맛까지 좋으니 '김장은 겨울 농사'라는 말이 이래서 생겼구나 싶다. 김치에 밥만 달랑 상에 올리면 성의 없고 썰렁하지만 기왕에 담근 김장김치를 꺼내 송송 썰어 쌀과 함께 넣고 밥을 지어 내면 특별한 밥상이 된다. 먹는 사람이 뭔가 대접받는다고 느끼니 밥하는 사람도 재미지다.

  화해했다지만 나는 일부러 김치밥을 해 먹지는 않았다. 그러다 김치밥을 하기 시작한 건, 편식하느라 김치를 전혀 먹으려 들지 않는 딸아이를 키우면서이다. 골라내지 못하게끔 김치를 잘게 쫑쫑 썰어 넣고 밥을 볶거나 아예 쌀과 함께 밥을 해 주면 그래도 먹었다.

여유가 있는 날은 김치와 돼지고기를 들기름에 볶다가 불린 쌀을 넣고 밥을 짓기도 하지만 대개 쌀을 솥에 넣고 밥물을 조금 부족하게 잡은 다음 미리 썰어 놓은 김치와 돼지고기, 들기름을 한꺼번에 넣고 바로 밥을 한다. 그래도 밥맛은 좋기만 하다. 돼지고기를 넣고 김치밥을 해 먹는 방법은 《조선무쌍신식요리제법》(1924)이라는 책에 기록되어 있다. 신기하게도 어머니가 해 주시던 방법과 비슷하다. 고조리서를 읽다 보면 만나 보지 못한 윗대 어른들과 교감하게 된다. 참 귀한 경험이다.

올해 밸런타인데이를 지나면서 수제 초콜릿 전문점 '카카오봄' 고영주 대표가 양은밥상 하나를 선물했다. 양은밥상을 만난 김에 김치밥을 지어 저녁밥으로 먹었다. 잠자리에 들기 전 종종 딸아이와 통화하는데 오늘은 전화를 걸려다 그만두고 만다. 처음엔 억지로 먹었겠지만 이제는 딸아이도 좋아하게 된 김치밥을 어미만 해 먹고 저녁은 잘 먹었느냐고 묻기 민망해서다. 기숙사에서 나와 살면서 밥 한 끼 변변하게 차려 먹지 못하고 있을 일인 가구 딸아이에게 불쑥 미안한 마음이 들어 통화하다가 울컥 눈물이 날 것만 같았다. 일을 한다는 핑계로 때맞춰 밑반찬도 못 해 보내면서 자꾸 밥을 잘 해 먹으라고 하는 것이 얼마나 공허한 일인지 모르지 않으니 더욱 미안하다.

요령이 조금만 생기면 밥 한 끼 해 먹는 것이 그리 어려운 일이 아닌데도 두려워서 피하는 딸아이와 또래 친구들을 보면 안쓰럽다. '김치밥은 반찬 없이 먹어도 되니 간편한데. 맛도 있고 영양도 빠지지 않는데'. 생각이 꼬리를 물다가 딸아이에게 쉽게 요리하는 방법을 기록해서 남겨 주고 싶다는 바람이 든다. 이래서들 며느리에게 주는 책, 딸에게 주는 책 들을 쓰나 보다.

● 김치밥 짓기

재료 (4인분 기준)

쌀 2컵(물 2컵), 김치 200g, 돼지고기 200g, 느타리버섯 100g, 표고버섯 3장, 국간장 1큰술, 들기름 1큰술, 후추 약간

양념장 : 간장 1큰술, 물 1큰술, 다진 파 1큰술, 다진 마늘 1작은술, 고춧가루 1큰술, 깨소금 1큰술, 참기름 약간

만드는 법

① 쌀을 씻어 30분간 불린다.
② 김치는 국물을 짜서 도마에 놓고 잘게 쫑쫑 썬다.
③ 돼지고기는 김치 크기로 썰어 국간장과 후추로 밑간한다.
④ 밑간한 돼지고기를 들기름에 볶다가 김치를 넣고 볶는다.
⑤ 불린 표고버섯과 느타리버섯은 김치 크기로 썬다.
⑥ 씻어서 불린 쌀을 밥솥에 넣고 밥물을 붓는다.
⑦ 밥솥에 준비해 둔 김치와 돼지고기, 버섯을 얹고 밥을 한다.
⑧ 밥이 다 되면 고루 섞어 큰 그릇에 푸고 양념장에 비벼 먹는다.

오곡밥

훔쳐서
아홉 번 먹어야 제맛

●

도시로 이사하면서 내 인생에서 사라진 것이 많다. 부끄럽지만 시원함을 포기할 수 없었던 여름 개울에서의 멱 감기를 더는 할 수 없었고, 눈 오는 날마다 뒷동산으로 달려가 찢어진 비료 포대를 이용해 썰매 타던 재미가 사라졌다. 설날 차례를 끝내고 마을을 돌며 세배 순례를 하여 세뱃돈을 챙기던 일이나, 도리깨를 들고 뱀을 타작하겠다고 나서는 사내아이들을 향해 비명을 질러대던 일들 모두 옛날이라는 말 속에 묻혀버렸다. 그렇게 묻힌 기억들 중 대표적인 것이 대보름날 풍경이다.

대보름날 저녁이면 어른들은 섣달그믐 때처럼 "오늘 잠을 자면 눈썹이 하얘진다"고 진지하게 말씀하셨고 나는 눈을 부릅뜨고 잠과 싸우다가 이기지 못하고 끝내 잠이 들곤 했다. 아침에 일어나면 눈썹이 정말 하얗게 세어 있었다. 자는 동안 우리 몰래 밀가루나 쌀가루를 묻혀 놓은 어른들은 시치미를 떼고 우리를 놀렸다. 무서워서 울고불고 난리 치는 일이 해마다 되풀이되었다.

  오곡밥은 대보름 당일에 짓지 않는다. 하루 전인 열나흘 날에 가족 모두 모여 음식을 준비했다. 몇 끼는 족히 먹을 양의 오곡밥을 짓고 김을 굽고 아홉 가지 나물을 준비했다. 동네 아이들은 보름날 하루 종일 삼삼오오 짝을 지어 이 집, 저 집으로 돌아다니면서 장난삼아 밥을 훔쳐 먹었다. 밥을 아홉 번 먹고 나물을 아홉 가지 먹고 부럼을 깨고 귀밝이술을 마셔야 한 해를 건강하게 보낼 수 있다고 어른들이 말씀하셨기 때문이다. 설날마다 얻어 입는 설빔과 세뱃돈도 좋고 대보름날의 이런저런 재미도 좋아, 춥고 긴 겨울이지만 그나마 견딜 만했다.

  정월대보름 날, 가장 재밌는 일은 뭐니 뭐니 해도 달집태우기였다. 어른들은 달집을 태우고 어린 우리는 쥐불놀이를 했다. 깡통에 줄을 매고 구멍을 뚫어 거기에 불을 담기도 했지만 나는 외할아버지가 싸리나무로 만들어 주신 것에 불을 붙여 들고 나갔다. 쥐불놀이는 친구들과 즐기는 것을 넘어 이웃 마을과 대대적으로 전쟁을 치르듯이 했다. 쥐불놀이 준비를 시작하는 때부터는 모두가 들떠 마치 뭔가 큰일을 도모하는 것 같은 기분이 되었다. 자칫 불을 내는 일이 생기기도 하여 쥐불놀이는 언제나 휑하니 주변에 태울 것이 하나도 없는 논 한가운데

서 했다.

도시로 이사하니 어머니가 지으신 오곡밥과 아홉 가지 나물은 먹을 수 있지만 마을을 돌며 장난치듯 밥을 훔쳐 먹거나 김이나 아주까리 넓은 잎으로 싸는 복쌈은 먹을 수 없었다. 무엇보다 달집태우기를 못 보고 스릴 넘치는 쥐불놀이 싸움을 못 하는 것이 가장 아쉽다.

대수롭지 않게 잘도 얻어먹던 오곡밥과 아홉 가지 나물에 얼마나 많은 정성이 드는지 결혼을 하고서야 비로소 깨달았다. 해마다 어머니 흉내를 내서 밥 짓고 나물을 무치지만 내 어린 시절에 경험한 것 같은 오래 기억되는 추억을 내 딸아이에게 만들어 줄 수는 없다.

부모님을 따라 도시로 이사했고 인생의 많은 시간을 그곳에서 보내던 나는 10여 년 전 오로지 내 의지로 지리산으로 내려왔다. 나 같은 어중이떠중이 말고 지리산 농부들은 농한기인 긴 겨울을 보내는 동안 여름내 농사로 혹사당한 몸을 보하고 쉬면서 지낸다. 그러다가 정월대보름이 되면 슬슬 움직여 본격적으로 다음 농사를 준비한다. 달집태우기를 하려고 소나무 생가지를 꺾어다 탑처럼 높은 달집을 만들고 음식을 준비하며 분주하게 움직인다. 대보름날엔 달집 아래에 모여 떠오르는 달을 보며, 소원을 적은 종이가 매달린 달집이 타는 것을 함께 보고 음식을 나누며 재미있게 지낸다. 달집과 함께 타면서 하늘

에 전해질 농부들의 소원은 특별한 것 하나 없다. 가족의 건강과 풍작을 비는 게 전부다. 한가위 추석에 둥그런 달을 보면서 드리는 기도가 풍작에 대한 감사라면, 정월대보름 날의 기도는 한 해 농사를 무사히 잘 지어 풍작이 되게 해 달라는 기원과 닿아 있다.

내가 사는 산내에서는 마을 단위로 달집태우기를 하는데 옆 동네 인월(引月)은 규모가 다르다. 달 지명을 지닌 동네답게 대대적으로 달집태우기를 한다. 벌써 대보름 한 달여 전에 웬만한 건물 높이보다 더 높고 크게 달집을 만들어 둔다. 올해도 진즉 달집을 만들어 두었다. 보름날 달집에는 온 동네 사람들의

소원이 매달린다. 풍년 기원은 기본이고 혼인을 바라는 농촌 총각·처녀들의 소원, 자녀를 얻고 싶은 부부, 객지에 사는 자식들의 안녕을 위해 손을 모으는 어른들의 구구절절한 기원이 달집에 주렁주렁 매달린다. 달집이 타면서 오르는 연기에 그들의 소원도 함께 타올라 하늘에 전해지기를 바라는 것처럼.

웅장하고 붉게 타오르는 불길을 보면 나도 소원 하나 더 얹고 싶어진다. 달집이 타는 동안, 마을 사람들은 근처를 오가는 사람 모두에게 오곡밥과 나물을 저녁으로 준다.

가족이 한데 모여 가정이라는 울타리 안의 평안을 기원하는 것이 설이라면 정월대보름은 울타리 밖 사람들을 하나로 모아 공동체 의식을 지니게 하고 한편으로는 풍작을 기원하는, 성격이 다른 명절이다. 마을 풍물패는 하루 종일 온 동네를 돌면서 마을의 안녕과 가가호호의 복을 빌어 주다가 밤이 되어 달집태우기를 시작하면 달집 주위를 돌면서 사람들을 추동하여 춤추고 놀게 한다. 그 자리에 같이한 사람들은 너 나 할 것 없이 한마음으로 달집 주위를 뛰어다닌다. 모두의 기원이 하늘에 닿기를 바라는 마음 하나로 대동단결하는 순간이다. 농촌의 한해살이는 독불장군처럼 혼자서 살아갈 수 없는 것이라 농사의 시작을 알리는 정월대보름을 기점으로 그렇게 하나가 되나 보다.

올해는 성인이 된 딸아이와 대보름 음식을 제대로 해 보려고 찹쌀, 멥쌀, 콩, 팥, 차조, 찰수수 등을 찾아 놓는다. '팥은 다른 곡식보다 단단하니 미리 삶고 팥물은 버리지 않고 따로 두라고 차근차근 알려 줘야지. 콩도 미리 불려야 나중에 입안에서 덜 익은 콩이 따로 놀면서 서걱거리지 않는데 이때 물을 너무 많이 잡아 불리면 안 된다고 당부하는 것도 잊지 말아야지. 딱 밥물이 될 만큼만 물을 부어 불려야 콩의 검은색이 우러난 밥물이 버려지지 않으니까. 찹쌀이 주가 되므로 밥물을 평

소보다 줄이라고, 소금으로 밑간을 하는 것도 잊지 말라고 알려 줘야지'.

오곡밥은 딱 한 번만 먹을 만큼만 지어 먹으면 아쉬우므로 넉넉히 해서 이웃과 나누는 기쁨을 경험하게 하고도 싶다. 그래서 마음이 분주하다. 이때를 대비해 봄부터 준비해 둔 묵나물들을 하나씩 꺼내 물에 불릴 건 불리고 데쳐서 손질할 건 손질해 나물 아홉 가지를 채우면 딸아이가 놀랄 것이라 상상하니 미소가 지어진다.

밥이 다 되면 딸아이 손에 밥과 나물을 들려 이웃에게 보낼 생각이다. 캄보디아에서 온 새댁이 대보름 풍습을 제대로 이해할 리 없겠지만 괜찮다. 곧 그녀도 익숙해질 것이고 그녀의 아이들이 이 땅에서 나서 자라고 있으니 어쩌면 내가 생각하는 것보다 더 빠르게 적응해 내년쯤엔 우리 집으로 오곡밥을 들고 올지도 모를 일이니까. 내일 저녁 딸아이를 데리고 인월로 달집태우기 하러 갈 생각에 벌써 가슴이 설렌다.

● 오곡밥 짓기

재료(4인분 기준)
찹쌀 2컵, 멥쌀 1컵, 콩·팥·차조·수수 각 1/2컵, 물 4컵, 소금 2작은술

만드는 법
① 찹쌀, 쌀, 차조를 한데 섞어 깨끗이 씻은 뒤 한 시간 동안 물에 불려 둔다.
② 콩은 잘 씻어 물에 한 시간 동안 불려 둔다.
③ 수수는 잘 씻어 한 시간 동안 불려 둔다.
④ 팥은 우르르 삶고 삶은 물을 버린다.
⑤ 한 번 삶은 팥을 팥알이 터지기 직전까지 다시 한 번 삶는다.
⑥ 솥에 준비해 둔 쌀과 잡곡을 넣고 소금과 물을 부어 밥을 짓는다.
　 밥물은 팥 삶은 물과 콩, 수수 불린 물로 잡고 모자라는 물은 맹물로 잡는다.

시
래
기
밥

밥집을
하고 싶게 하는 밥

●

　미치게 귀농을 하고 싶었다. 태어나고 자란 강원도 춘천으로 무작정 갔다. 그리고 한 산골마을로 들어갔다. 귀농하려는 사람들은 대개 긴 시간에 걸쳐 많은 준비를 하는데 나는 의욕만으로 큰 준비 없이 호기롭게도 도시 생활을 접었다. 그 오지마을에는 열 여덟 가구가 살고 있었다. 마을 사람의 반 이상이 문맹이었다.

　귀농학교를 다녔다는 한 남자가 추천해 준 그곳은 마침 내가 태어난 춘천의 한 지역이어서 마음이 동했다. 남편과 아이를 두고 홀로 다짜고짜 찾아갔다. 하루에 두 번 다니는 버스를 타려면 면사무소가 있는 곳까지 한 시간 넘게 걸어야 했다. 나는 차를 가지고 있던 터라 버스 시간이나 정류장 위치에 크게 구애 받지 않았지만 차 없는 마을 노인들은 춘천 시내 나들이를 참 어렵게도 해야 하는 곳이었다.

그런 오지로 겁 없이 갈 수 있었던 건 '귀농'이라는 묘한 단어에 홀렸기 때문이다. 다행스럽게도 문화유산 답사를 다니며 만난 한 처자가 직장 생활을 정리하고 나를 따라나서 든든했다. 그녀와 나는 뒤쪽이 이십 도쯤 기울어 언제 무너질지 모를 오래된 집을 한 채 얻어 들어갔다. 사람이 살지 않아 오래된 흙집의 흙벽은 흙이 다 떨어져 나가 주먹만 한 구멍이 몇 개 뚫려 있는 데다 집주인의 손질 흔적이 전혀 없었다. 거기로 바람이 시도 때도 없이 들어오고 쥐들도 제집처럼 들락거렸다. 집을 얻기는 했지만 살 수 없었다.

살아야 했기에 우선 값싼 중고 컨테이너를 하나 사서 흙집 앞에 터를 잡았다. 크고 작은 돌들을 컨테이너 밑에 고이고서야 겨우 수평을 잡았다. 그 안에 난방용 전기 판넬을 깔고 밥을 해 먹기 위한 조리대를 설치했다. 조리대를 설치했으니 물을 끌어야 했고 물길을 내려고 땅을 파고 파이프도 심었다. 오수가 나갈 하수구도 뚫었다. 여자들끼리 해내기에 벅찬 노동을 기꺼이 하며, 겉보기에는 변변찮아도 실내는 원룸 형태로 그럴듯하게 꾸몄다. 아쉬움은 있었다. 전기 판넬 덕에 바닥은 따뜻했지만 외풍이 너무 세서 누우면 코가 시렸다.

김장 배추를 뽑을 무렵에 들어간 우리는 배추를 심었던 밭을 얻었다. 첫 농사로 마늘을 심고 겨울을 맞았다. 친구가 찾

아오면서 사 온 생수 한 병이 자고 일어나니 얼어, 이듬해 사월 만우절이 되어서야 녹았다. 거짓말처럼 추운 방이었다. 코는 시렸지만 등이 따스하니 그런대로 지낼 만했다. 사람은 약간 춥게 지내야 더 건강하다더니 겨우내 감기 한 번 걸리지 않았다고 스스로 위안할 명분을 찾았다. 내 스스로 선택한 귀농이어서 그 어떤 것도 문제가 되지는 않았다.

　나이 먹은 여자와 젊은 처자가 오지로 들어가 살고 있으니 마을 어른들은 우리가 몹시도 이상하고 궁금했을 것이다. 어른들은 배추도 들고 오고, 무도 들고 오고, 하루가 멀다 하고 들락거리며 우리를 살폈다. 그렇게 주신 배추와 무로 김장을 담그고, 무를 잘라 쓰고 남은 무청을 시래기로 말리려고 줄에 매서 달아 놓았다. 어머니 어깨너머로 배운 지식이 있어 바람이 잘 통하는 그늘에다 무청을 삶지 않고 그대로 널어 말리니 무청 본연의 새파란 색이 살아 있는 시래기가 되었다. 배추 우거지도 되도록 많이 만들어 두었다. 심지어는 어른들이 잘라 버리는 무청까지 얻어다 말리기도 했다.

　인천에 계시던 친정어머니에게 조금 보내기도 하고 남은 것을 애지중지 갈무리해 두었다. 최소한의 생활비로 버티며 농촌 생활을 이겨내야 했기 때문이다. 남편에게 흔쾌한 지지를 얻지 못하고 혼자 농촌으로 들어간 터라 가능하면 남편 수입에 의지하지 않고 살기 위해 무던히도 노력해야 했다. 봄이 오면

향채와 산나물이 지천이라 반찬거리 걱정은 없었지만 그 전까지 김치 말고는 변변한 먹을거리가 없으니 허리를 더욱 졸라매야 했다.

하루에 단돈 천 원도 쓰지 않고 지내는 날이 태반이던 그때, 내가 정말 많이 먹었던 효자 먹을거리가 시래기다. 시래기로 국을 끓이고, 지지거나 볶아 김치와 함께 밥을 차렸다. 같이 지내던 처자가 싫다 않고 잘 먹어 줬고 나도 그다지 물리지 않고 잘 먹을 수 있어서 다행인 날들이었다. 정약용 선생의 둘째 아들인 정학유 선생이 쓴 《농가월령가》의 일월령에 보면 묵은 나물을 육미(肉味)와도 바꾸지 않는다고 했는데, 바로 시래기가

그랬다. 그런 밥상이 하나도 불편하지 않았다.

최고는 뭐니 뭐니 해도 시래기로 지은 밥이었다. 별 재료 없이 삶아서 물에 담가 놓았던 시래기에 간장과 들기름으로 밑간을 하고 쌀과 함께 솥에 넣어 밥물만 잘 잡아 흰쌀밥처럼 하는 밥이다. 그게 생각보다 맛이 좋았다. 머리로 상상하는 맛과 실제로 해서 먹는 시래기밥맛은 하늘과 땅처럼 다르다. 직접 먹어 보지 않고는 믿지 못하겠지만, 간장과 들기름으로 밑간해 지은 시래기밥은 구수하고 감칠맛이 나며 시래기 씹히는 맛까지 있어 가히 일품이다. 거기에 참기름 몇 방울 넣고 양념한 간장을 한 술 얹어 비벼 먹으면 세상 부러울 게 없다.

그 마을엔 그곳에서 나고 자라 뿌리를 내린 사람들과 귀농자들이 묘하게 섞이지 못하고 있었다. 몇 달 먼저 들어가나를 그곳으로 인도한 남자와 몇 해 전부터 자리 잡고 있는 남자 둘이 귀농한 사람들이었다. 그들은 몇 차례 내가 지어주는 밥을 먹었는데 특히 시래기밥을 많이 해 주었다. 시래기밥은 손님을 초대해 밥상을 차릴 때도 꽤 괜찮은 일품요리이다. 가끔 초대한 손님에게 기껏해야 시래기밥을 지어 주었지만, 나는 얼굴 두껍게 너스레를 떨며 세상에서 내가 해 주는 밥이 가장 맛있는 밥이라는 최면을 걸고 그중 시래기밥이 최고라며 스스로도 맛있게 먹었다. 그런 최면이 같은 밥을 반복적으로 먹는 그들과 나에게 먹혀들어 시래기밥을 꽤나 오래 맛있게도 먹었다. 종종 오던 세 남자는 내가 세 끼 밥을 해 주면 우리 집 농사를 대신 지어 주겠다고까지 했으니 그만하면 내 시래기밥은 성공적이었던 것 같다. 단언컨대 내 최면 때문에 맛있던 건 아니다. 정말로 맛있었고 나는 시래기밥이 좋기만 했다. 그렇기에 아주 오래도록 반복해서 먹을 수 있었다.

나는 시시때때로 시래기밥을 파는 식당을 하고 싶다고 대책 없이 떠들었다. 떠들다 보니 정말로 다른 밥은 다 빼고 오로지 시래기밥 하나만을 파는 식당을 하고 싶었다. 지금도 시래기밥 식당에 대한 바람은 변함이 없다. 생각이 조금 더 발전해 일주일 간격으로 밥 종류를 바꾸는 식당을 하고 싶어진 정도랄까. 일주일에 한 번씩 들르는 식당에서 늘 다른 밥을 먹는다면 재미있고 또 계속 가고 싶을 것이다. 하지만 사실 내가 식당을 열 가능성은 아주 희박하다. 밥집을 하기에는 내 본성이 게으른 탓이다.

이런 생각을 반영하겠다는 식당이 있어서 메뉴 컨설팅을 한 적이 있다. 손님에게 주문을 받으면 바로 일인용 솥에 시래기밥을 해서 내는 걸 제안했는데 생각보다 많은 사람이 주문한다고 했지만 그 식당에서 시래기밥은 자리를 잡지 못했다. 흔히들 말하는 '객단가'가 높은 다른 메뉴를 권장해 팔고 거기에 집중하면서 밥의 질은 자꾸 떨어졌기 때문이다. 게다가 시래기의 껍질을 벗기는 일은 잔손이 많이 가, 이익을 생각하고 여러 가

지 메뉴를 다루는 식당에서 지속하기가 쉽지 않았던 탓이다.

　시래기밥을 먹으며 춘천 마을에서의 첫 겨울을 보내고 나물이 지천인 봄을 맞이했다. 새벽에 일어나 임대한 밭들을 한 바퀴 돌면서 눈에 보이는 새싹과 나물을 한 줌 뜯어 돌아오면 한 시간쯤 걸렸다. 산책을 끝내고 집으로 돌아와서는 생나물로 먹을 것들은 다듬고 씻어 밥을 하거나 죽을 쑤는 데 넣었다. 묵나물로 먹을 것들은 데쳐서 말렸다. 다양한 나물을 앞에 두고도 나는 시래기밥맛을 잊지 못했다. 가끔 해 먹으며 지난 늦가을부터 준비해 두었던 남은 시래기를 다 먹어 치웠다. 밥집을 해야겠다고 여전히 생각하면서.

요즘은 무를 먹고 남은 무청으로 말린 시래기를 구경하기 힘들다. 일부러 시래기용 무를 재배하고 거기에서 나온 무청을 시래기로 말려 유통하고 있다. 시래기를 먹느라 땅속 보배인 무를 버리는 기형적 농업까지 나왔다. 잉여 농산물의 부가가치까지도 챙겨 올리는 것이 아니라 거꾸로 가치에서 아이디어를 얻는 이상한 형태의 농사를 짓게 되었다. 그렇게 판매되는 시래기를 사 먹어야 하다니. 소비자로서는 아쉽기만 하다.

시래기밥은 내 삶에서 큰 의미가 있는 밥이다. 처음엔 맛있는 밥으로 만났고, 이후 밥집을 하고 싶게 한 밥이었다가, 밥을 가르치는 사람이 되게 한 밥이기 때문이다. 흰쌀밥, 현미밥, 콩밥 등 곡물로만 해 먹는 밥이 아니라 채소나 해산물, 육류 등을 조화롭게 배합한 밥을 짓고 그 밥을 많은 사람에게 알리는 일은 바로 이 시래기 밥에서 출발했다. 반찬이 필요 없는 한 그릇 밥을 하게 되고, 그 밥이 맛있고 만들기 쉽다고 이야기하게 된 배경에도 시래기밥이 있다. 시래기밥은 여전히 맛있고 여전히 매력적이며 여전히 나를 심하게 추동한다. '이제라도 늦지 않았으니 어서 밥집을 시작하면 어때?'라고.

● 시래기밥 짓기

재료(4인분 기준)

쌀 2컵, 삶은 시래기 250g, 물 2컵, 들기름 1큰술, 간장 1큰술

양념장: 간장 1큰술, 물 1큰술, 다진 대파 1큰술, 다진 마늘 1작은술,
고춧가루 1작은술, 참기름, 깨소금

만드는 법

① 시래기를 삶아 물기를 빼고 얇은 겉껍질을 벗긴다.

② 껍질 벗긴 시래기를 2cm 길이로 썰어 들기름과 간장에 조물조물 무친다.

③ 불린 쌀을 압력솥에 담고 시래기를 얹은 뒤 물을 부어 밥을 한다.

시래기 삶기

① 시래기를 따뜻한 물에 넣고 푹 불린다.

② 시래기 불린 물을 버리지 말고 시래기를 그대로 넣은 채 불에 올린다.

③ 센 불로 삶다가 끓기 시작하면 불을 줄이고 40분간 더 삶는다.

④ 시래기를 다 삶으면 삶은 물을 버리지 말고 그 물이 식을 때까지 그대로 둔다.

⑤ 시래기 담근 물을 맑은 물로 갈아 주면서 하루 이틀 더 물에 담가 둔다.

⑥ 시래기의 껍질을 벗겨 내고 다양하게 조리한다.

시금치밥

꺾이지 않는
힘의 밥

•

시금치가 밥상에 올라오면 너도나도 "뽀빠이"를 외쳤다. 그래야만 시금치가 밥상에 올라오는 것이 허용되기라도 하는 듯. 만화 속 여주인공 올리브는 어려움에 처할 때마다 "뽀빠이"를 외친다. 그러면 뽀빠이는 시금치가 든 통조림을 뜯어 먹고는 언제든, 그곳이 어디든, 바로 달려가 해결해 주고 또 위험에서 구해 준다. 그렇게 우리에게 뽀빠이에 대한 환상이 생겼다. 아니, 더 정확히 말하면 시금치에 대한 환상이 있다. 근육질인 남자가 나약한 여자를 보호하는 힘의 원천이 시금치로 대변되었다. 아이들도, 여성들도, 시금치만 먹으면 철벽같은 절망을 극복하는 힘을 얻는다고 환상을 만들어 주었다.

어쩌면 시금치는 한동안 우리에게 시금치 자체의 맛보다 만화에서 얻은 왜곡된 이미지로 먹히고 있었는지 모른다. 시금치와 친해지기는 했지만 시금치를 제대로 알지 못하고 먹어 왔다고 할까. 아주 가까운 거리에 있어 상대의 속생각 따위 신경 쓰지 않고 지내는 삼십 년은 넘은 부부 같은 느낌으로 먹어 온 듯하다. 상대의 가치를 제대로 알지 못해 원망하고 다투다가 상대가 엄청난 가치를 숨기고 있는 원석임을 알게 되는 순간이 있다. 시금치가 그랬다.

어린 시절 소풍엔 늘 김밥을 싸 가지고 갔다. 소풍에서 가장 기다리는 시간은 도시락을 까먹는 점심시간인데 내 도시락은 다른 아이들 것과 달랐다. 친구들의 김밥은 이런저런 재료들을 가지런히 넣고 썰어 꽃처럼 예쁜 모양인데 내 것은 그렇지 않았다. 모든 재료들이 잘게 다져져 밥 속에서 비벼진 상태로 김에 싸여 있었다. 볶음밥을 김에 말아서 썰어 담았다고 하는 편이 더 맞겠다. 당근도 들어 있고 계란도 들어 있고 형편이 좀 좋을 땐 소고기나 돼지고기도 들어 있지만 초록은 오로지 오이가 책임지고 있었다. 오이의 향이 밥을 지배하는 김밥.

조금 더 자라서 내 손으로 김밥을 쌀 수 있게 되자 나는 어머니와 이모처럼 김밥을 싸지 않았다. 재료를 잘게 썰어서 볶아 밥에 넣고 비벼서 싸는 김밥 따윈 잊어 버렸다. 대신 모든 재료들을 김의 길이에 맞춰 길게 조리해, 넓게 편 밥 위에 나란히 얹어 쌌다. 또 오이에 기름 옷을 입혀 볶는 대신 시금치를 선택했다. 내 김밥에 초록으로 들어와 향으로 덮치고 가장

먼저 상해서 역한 냄새를 풍겨 전체를 버리게 했던 오이는 퇴출되고 그 자리에 시금치가 들어왔다. 생으로 먹는 오이는 좋아하지만 익힌 오이를 싫어하는 내 입맛은 어머니와 이모의 김밥에서 시작되었고, 시금치나물 사랑은 오이를 이긴 김밥에서 비롯되었다.

시금치는 추석과 설 명절, 차례와 제사에 빠지지 않는다. 고사리와 도라지만 접시에 담겨 있으면 마치 겨울 들판의 무채색처럼 허전하지만 시금치를 만나면서 밥상은 봄처럼 다시 살아난다. 고사리, 도라지와 함께 삼색 나물의 화려한 주인공인 시금치는 제사상에 올라오는 유일한 푸른빛으로, 돌아가신 분과 제사를 지내는 사람들의 눈맛과 입맛을 책임지기에 부족함이 하나 없다.

차례나 제사가 끝나면 시금치는 다른 나물들과 함께 양푼에 담겨 비빔밥 재료가 된다. 고사리나물의 검은색에 도라지와 무나물의 흰색, 시금치의 푸른색에 빨간 고추장을 더해 비빈 다음 달걀노른자로 부친 지단채를 얹으면 완벽한 오방색 비빔밥이 된다. 무를 푹 무르게 익힌 탕국을 함께 떠먹으면 무가 혀끝에서 녹으며 새로운 차원의 맛을 경험한다. 그때도 시금치는 초록빛과 단맛을 잃지 않고 비빔밥을 빛내며 힘을 과시한다.

시금치에는 여러 비타민과 무기질이 많아 '채소의 왕'이라

고 불린다. 기온이 낮고 일교차가 큰 가을을 지나 겨울이 되면 시금치 맛이 절정에 이른다. 뿌리에는 선명하게 붉은 빛이 돌고, 잎은 '이래서 겨울의 그 매서운 추위와 맞서고 있구나' 싶게 강인한 초록을 띤다. 겨울에는 시금치를 씹는 식감도 최고이고, 식감 뒤에 오는 강렬한 맛 또한 최고에 이른다.

파와 마늘을 넣고 나물을 무치면 시금치의 맛과 향을 해친

다. 오로지 간장과 들기름만으로 무쳐야 제맛이 난다. 아쉬우면 깨소금을 추가한다. 줄기며 잎이며 할 것 없이 탱탱하니 탄력 있고 단 그 시금치를 겨울 밥상에서 외면하기 어렵다. 뿌리를 버리지 말고 깨끗이 씻어 무치면 씹는 감촉과 달큰함이 일품이다. 색이 예쁘고 맛이 좋은 그때에 영양도 만점이다.

그 짙은 초록은 열을 가해도 변색되지 않으므로 매혹적인 초록의 음식을 만들고 싶은 사람들에게는 아주 매력적인 식재료다. 깨끗이 씻은 시금치를 곱게 갈거나 원액기 등을 이용해 즙을 짜낸 후, 반죽 물로 쓰면 고운 초록 국수와 수제비로 답을 한다. 만두를 빚을 때도 시금치를 갈아 반죽 물로 쓰면 보기에도 좋고 영양에도 부족함이 없다. 쑥이 없는 추운 계절에 쑥 향을 흉내 낼 수는 없지만 시금치를 갈아 쌀가루에 더해 시루떡이나 절편, 가래떡 등을 쪄도 색감이 아름답다.

특별한 음식을 먹고 싶은 날이나 귀한 손님을 초대한 날에는, 곱게 간 시금치 물로 반죽해 초록 밀전을 만들어 작고 앙증맞게 부친 다음, 거기에 각종 채소나 고기 등 갖은 속 재료를 넣어 밀쌈을 해 먹어도 좋다. 잘 달구어진 프라이팬에 기름을 둘렀다가 닦아 낸 다음, 다른 전을 부칠 때보다 약간 묽게 밀가루 반죽을 해, 한 숟가락 정도 얹어 얇게 부쳐 내면 색도 곱고 맛도 깔끔하니 좋아, 손님들은 왕후장상 부럽지 않은 대접을 받았다고 생각할 것이다.

시금치는 혼자서도 옹색하지 않지만 다른 식재료와 어우러지면서 더 빛난다. 홀로 찬란하게 빛나는 사람도 함께 가는 사람들이 많을 때 더 빛을 발하듯 시금치도 다른 재료들을 만나 완성도가 높아진다. 국수와 수제비, 전과 떡 등 시금치의 초록 옷을 입은 음식들이 많지만 나는 그중 으뜸을 밥이라 말하고 싶다.

시금치로 하는 밥은 여름에 하는 치자의 노랑 밥과 대조를 이룬다. 눈이 부시게 흰쌀밥이 노랑으로, 초록으로 변신하는 모습이 재미나서 자꾸 밥을 하게 된다. 서울혁신파크 맛동에서 한 달에 한 번 '밥 짓는 학교'를 진행하면서는, 제철에 가장 맛있는 식재료를 넣어 밥 짓는 일에, 사람 만나는 재미까지 더해 주었다. 그 재미들이 계속해서 밥을 짓게 하는 힘이 되었다.

그러다 방송에 잠깐 얼굴을 내미는 일이 생겼고 그걸 본 남해시에서 연락을 해왔다. 남해는 포항, 비금도와 함께 대표 시금치 산지이다. 특산물로 지역 대표 밥을 만들고 싶다며 몇 차례 강의를 요청했고, 거기에 가면서 나는 더 그럴듯한 시금치밥을 고민하게 되었다. 고민 끝에 해산물과 만나는 시금치밥이 탄생했다.

시금치밥은 내가 이제까지 해 온 여느 밥과 달리 공을 많이 들여서 하는 밥이다. 죽 쑬 때처럼 정성을 들여, 첫 단계에서 쌀을 볶아서 밥물을 붓고 밥을 한다. 더구나 쌀에 초록 옷을 입

히기 위해 시금치를 일부 갈아서 밥물을 잡고, 시금치의 온전한 모습도 주기 위해 숨을 죽인 시금치를 따로 두었다가 마지막에 밥에 더하는 복잡한 단계를 거치는 밥이다.

시금치밥은 식탁 가운데에 냄비째로 올려 각자 먹고 싶은 만큼 덜어 먹으면 더 재밌고 맛있다. 이때 밥을 짓는 냄비는 빨강색이나 노란색이면 더 좋다. 시금치의 초록과 어우러진 식탁이 얼마나 아름다울지 상상하는 것만으로도 즐겁다. 겨울 추위에도 꺾이지 않고 굳건하게 살아남아 겨울 식탁에 오르고, 센 불로 끓여도 꺾이지 않는 초록으로 견뎌 식탁에 오르면서 그 자태를 뽐낸다. 삭막한 겨울 추위에 지친 우리를 위로하면서 아름답게 맛있다. 리조또나 파에야 같은 외국의 밥 요리에 조금도 뒤지지 않는 밥이라 당당하게 맛있다.

지금은 이렇게 남해 시금치 남해초에, 비금도에서 해풍을 맞으며 자란 맛있는 시금치인 섬초까지, 장을 보면서 선택할 수 있는 폭이 넓어졌다. 한때는 포항초가 가장 맛있다고 해서 시장에서 포항초를 들먹이며 시금치를 사던 때가 있었다. 포항에서 겨울을 나고 수확한 포항초 맛 덕분에 여름 시금치가 얼마나 맛이 없는지도 알게 되었다. 하지만 시금치의 맛을 크게 지배하는 건 지역 환경보다 기후 환경이므로 겨울에 먹는 시금치는 무얼 선택하든 맛있다.

겨울이 가기 전, 시금치가 아직 맛있을 때 친구들을 한 번 불러야겠다. 시금치의 초록을 듬뿍 넣어 지은 냄비 밥으로 배를 불리고 누룽지를 긁어 안주 삼아 놓고 앉아 술잔이라도 기울이며 이야기보따리를 풀어야겠다. 여느 때와 달리 조심스러워 하지 않고 큰 소리로 누군가의 흉도 보면서 긴 겨울밤을 보내고 싶다. 시금치밥이 맛있는 겨울이다.

● 시금치밥 짓기

재료(4인분 기준)

쌀 2컵, 시금치 250g, 들기름 2큰술, 홍합살 100g, 통새우 4마리,
청주 1큰술, 시금치물 2.5컵
양념장: 간장 1큰술, 물 1큰술, 다진 대파 1큰술, 다진 마늘 1작은술,
　　　　고춧가루 1작은술, 깨소금 1큰술, 참기름 1큰술

만드는 법

① 쌀을 깨끗이 씻어 30분간 불린다.
② 시금치를 다듬어 깨끗이 씻은 다음, 길게 반을 갈라 먹기 좋은 크기로 자른다.
③ 시금치 50g을 물 2.5컵과 함께 곱게 간다.
④ 홍합은 손질해 3% 소금물에 흔들어 씻어 건져 놓는다.
⑤ 생새우는 껍질을 벗기고 내장을 제거하고 얇게 저며 놓는다.
⑥ 냄비에 손질한 홍합살과 새우를 들기름과 같이 넣고 볶는다.
⑦ ⑥의 냄비에 시금치를 넣고 시금치 숨이 죽게 볶는다.
⑧ 볶은 재료를 다른 그릇으로 옮기고 불린 쌀을 넣고 한 번 더 볶는다.
⑨ 시금치 물을 붓고 센 불로 밥을 끓인다.
⑩ 밥이 끓기 시작하면 불을 약하게 줄이고 15분간 뜸을 들인다.
⑪ 뚜껑을 열고 볶아서 옮겨 둔 해물과 시금치를 뜸을 들인 밥에 얹는다.
⑫ 김을 한 번 올린 뒤, 불을 끄고 5분간 뚜껑을 덮은 채 두었다가 고루 섞어 밥을 푼다.
⑬ 양념장과 함께 낸다.

봄 春

사람을 만나다
밥을 짓다

냉이바지락밥
죽순밥
도시락
생일밥
두릅밥

푸른빛을 지닌 새순 하나의 기운이 희망이라는 말의 다른 이름인 것처럼 느껴진다. 겨우내 암흑의 땅속에 묻어 간직했던 기운을 온몸으로 밀어 올려 자신이 살아 있다고 말하기 때문이다. 그렇기에 추운 겨울을 지내며 지칠 대로 지친 사람들도, 봄 새순을 따 먹을 때, 그 나무들의 기운을 얻어 나무처럼 다시 살아나는 것은 아닐까.

● 두릅밥

벚꽃엔딩,
그리고

●

　대학을 졸업하고 신촌에 있는 학교에서 아이들을 가르쳤다. 그 학교는 해마다 봄이 되면 멀리, 우이동 4.19탑 근처의 이준 열사 묘소로 봄소풍을 갔다. 4.19혁명 기념일 전후로 그곳엔 벚꽃이 만발하여 가끔 꽃비가 우리를 맞이하기도 했으므로 해마다 같은 장소로 가는 그 소풍을 견딜 만한 이유가 되었다.
　그해도 그랬다. 벚꽃이 환하게 핀 나무 아래서 먹는 김밥 위로 벚꽃이 흩날려 황홀경에 빠지던 그런 날이었다. 그 봄날의 바람과 꽃잎들, 푸른 잎들의 수런거림 사이로 느껴지던 묘한 기분을 기억하고 있다. 휴대전화가 없던 시절이었다. 소풍이 끝나갈 무렵, 보고하려고 학교 행정실로 전화를 거니 큰이모에게서 전화가 왔었다고 행정실 직원이 무미건조하게 말했다. 아이들을 돌려보내고 쿵쾅대는 마음을 다잡으며 근처 약국

앞 공중전화로 이모에게 전화를 걸었다. 늘 밝고 긍정적이던 이모가 울음 섞인 목소리로 외할아버지의 말기 위암 발병 소식을 전했다. 그 순간 갑자기 온몸에서 피가 다 빠져나가는 것 같은 아득함을 느꼈던 것 같다. 그 순간에도 공중전화 부스 앞으로 바람이 불었고, 그 바람을 따라 벚꽃 잎들이 우수수 날리며 떨어지고 있었다. 태어나서 처음으로 누군가와 사별해야 한다는, 실감 나지 않는 날벼락을 벚꽃 세례로 맞은 날이었다.

선비 같은 농부로 기억에 남아 있는 외할아버지로부터, 엄하기만 하던 아버지에게서 받지 못했던 자상한 보살핌을 받았다. 일 년에 두 번 찾아오는 방학마다 외가로 달려가던 내 발걸음은 어쩌면 외할아버지를 향해 달려가는 일종의 사랑 고백 같은 것이었는지도 모른다. 그런 외할아버지가 돌아가시게 되었다는 소식은 내게도 적잖은 충격이었고, 친정어머니가 받은 충격은 말로 표현할 수 있는 정도가 아니었던 것 같다.

어머니는 바로 짐을 싸서 친정으로 가셨다. 어머니로 인해 유지되던 우리 가족 밥상은 순식간에 바닥으로 떨어졌다. 나는 이미 독립해서 나와 살고 있었기에 집에는 아버지와 두 남동생만 남아 있었다. 발병 뒤 외할아버지가 돌아가시기까지 꽤 긴 시간이었지만, 우리 가족은 모두 말없이 받아들였다. 이미니에게 외할아버지는 하늘이고 진리고 세상 그 자체였으므로. 바람직하고 부러운 부녀간이었기에 아버지를 여의는 것이 바로 하

늘이 무너져 내리는 일임을 짐작할 수 있으므로 다들 자기 자리를 지키는 것이 어머니와 외할아버지를 위하는 최선의 방법이라고 생각했던 것 같다.

　다시 벚꽃이 피고, 다시 벚꽃이 졌다. 바람이 불면 꽃잎들이 휘날렸다. 꽃이 진 자리에 푸른 잎이 돋고 있었지만 외할아

버지 병세는 나아지지 않았고 정말 얼마 뒤 세상을 떠나셨다. 장례를 치르고 춘천에서 서울로 돌아오던 날, 차창 밖 풍경에 선 싸리꽃들의 향연이 시작되고 있었다.

　벚꽃 잎이 지기 시작하고 싸리꽃이 벌어지기 시작하면 앞산 두릅나무에도 물이 올라 새순이 제법 먹을 만하게 올라온다.

외가의 포도밭 둑에 심긴 통통한 두릅나무 순은 해마다 봄이면 서울의 우리 집까지 왔다. 남들보다 한발 앞서 농사를 지으시던 선비 같은 농부 외할아버지가 위암 선고를 받기 전까지는 해마다 그랬다. 엄지와 검지 끝으로 만든 원 크기만 한 굵은 두릅이 신문지에 싸여 올라오면, 그 많은 식구가 한 번에 먹어 치울 수 있을 정도의 양이었지만, 우리는 다 먹지 않고 아끼고 아끼면서 조금씩 야금야금 먹었다.

두릅과 함께 고들빼기나 달래 등도 왔다. 형편이 어려웠지만, 돈이 있다고 해도 마구 사 먹을 수 있는 것들이 아니었다. 그래서인지 더 아껴 먹었던 것 같다. 지금처럼 농가마다 재배하는 때가 아니어서 큰맘 먹고 산이나 들로 나가야 구할 수 있는 귀한 것이었다. 더구나 일 년을 기다려서 단 며칠간만 누릴 수 있는 호사였다. 가뜩이나 화살같이 지나가던 그 짧은 봄날의 호사도, 외할아버지가 돌아가시자 끝이 났다.

벚꽃이 피었다 진다고 해서 겨울을 보낸 숲에 봄빛이 완연한 것은 아니다. 거리의 벚나무는 꽃이 먼저 피고 꽃 진 자리에 잎이 나지만 산벚나무는 잎이 먼저 나고 꽃이 핀다. 아직 잎이 나지 않은 봄의 숲은, 겉으로 보기엔 그 황량함이 겨울 숲과 조금도 다르지 않다. 추운 겨울 끝에 봄이 되면, 살아날 것 같지 않던 나무줄기 끝에서 나뭇잎이 하나둘 피어나면서 숲의 느낌이 완전히 달라진다. 푸른빛을 지닌 새순 하나의 기운이 희망이라는 말의 다른 이름인 것처럼 느껴진다. 겨우내 암흑의 땅속에 묻어 간직했던 기운을 온몸으로 밀어 올려 자신이 살아 있다고 말하기 때문이다. 그렇기에 추운 겨울을 지내며 지칠 대로 지친 사람들도, 봄 새순을 따 먹을 때, 그 나무들의 기운을 얻어 나무처럼 다시 살아나는 것은 아닐까. 새순을 밥상에 올리며 즐기는 동안 나도 모르게 춘곤증 따위는 다 잊고 봄을 이기며 살아 내는 나를 발견한다. 새순이나 새싹이 우리에게 주는 위안은 돈으로 계산할 수 없는 큰 선물이다.

두릅나무 순은 또 다른 설렘으로 가슴을 뛰게 한다. 대부분의 나무는 여리고 가는 잔가지를 달고 그 가지 끝에 물을 올려 마침내 새순으로 봄을 터뜨린다. 그러나 두릅나무는 잔잔한 여러 가지로 기운을 나누지 않고 자신의 머리 위에 강력한 순 하나만으로 봄의 기운을 스프링(spring)처럼 튀어 오르게 한다. 그래서 사람들은 두릅나무의 어린 순인 두릅나물을 일러 나무 머리 위에 피는 나물이라 하여 목두채(木頭菜)라 이르기도 한다. 또한 두릅나무 어린 순이 얼마나 맛이 좋은지 소문내지 말고 입을 다물어야 한다고 입술 문(吻) 자를 쓰는 문두채(吻頭菜)로도 말한다.

두릅은 세 가지가 있다. 하나는 우리가 아는 두릅이고, 다른 하나는 독활이라는 식물의 새순으로 키가 작고 땅에 붙어 자라는 땅두릅이다. 한방에서는 그 뿌리가 관절통, 두통 등에

효과가 있다고 알려져 있다. 나머지 하나는 개두릅이라 불리는 엄나무 순이다. 그 모두 봄의 맛을 지니며, 저마다 자신만의 독특한 맛을 낸다.

도시에 살 때, 나는 두릅이든 뭐든 사 먹고만 살았다. 시간이 어떻게 흐르는지 모르고 살았다. 지리산으로 이사하고 나서, 반복되는 일상에서 자연이 보여 주는 작은 변화에 눈을 뜨면서, 나는 외할아버지가 살아 계실 때, 아니 더 정확하게 말해 외할아버지가 투병하시던 때의 봄날을 기억해 냈다.

김밥 위로 흩날리던 벚꽃 잎이 다시 살아나는 경험을 했다. 피었던 꽃이 지면 봄날이 가고 있음을 깨닫고, 연둣빛 잎사귀가 초록으로 짙어지면 여름으로 치닫고 있음을 몸으로 받아들이며 산다. 어쩌면 외할아버지가 투병하시던 그때 보고 느꼈던 봄의 세계가 봄을 맞는 나의 자세를 바꾸었는지도 모른다.

"아프냐? 나도 아프다." 즐겨 보던 드라마에서 한 남자가 연인을 업고 걸으며 이 멋진 대사를 날린 곳도 바로 벚꽃 흐드러진 나무 아래다. 해마다 벚꽃잎이 휘날리면 아름다워 기쁘지만 그만큼의 무게로 아프고 우울하다.

'올해도 벚꽃이 지는구나' 하는 서글픔과 아쉬움이 채 가시기도 전에 두릅나무의 새순이 올라오고 있다. 친정어머니가 새순이 돋는 두릅나무에게 던지던 그 말씀이 예사롭지 않게 들린다. "나도 너처럼 해마다 새로 태어나고 싶구나"라는.

오늘 아침 뒷집 사람들이 아이들 손에 나물 한 바구니를 들려 보내왔다. 마을 뒤를 병풍처럼 둘러싸고 있는 지리산 자락에서 따 온 두릅나무 순과 다래나무 순이 바구니에 하나 가득 담겨 있었다. 아이들 아버지가 이른 새벽에 산을 한 바퀴 돌며 따 온 것을 나눠서 보낸 것이다. 봄에는 산나물을 채취해서 사는 집인 걸 알기에 그냥 받아먹기에 미안한 마음이 없는 것은 아니나 코를 찌르는 진한 향과 밥상에 올랐을 때의 들큰한 맛이 생각나 얼른 받아 들었다. 일단 받아 들고 인사는 나중에 해야지 하면서 마음보다 손이 먼저 갔다.

당장 부엌으로 들어가 굵고 좋은 것을 골라 초장에 찍어 먹을 요량으로 얼른 소금물에 데쳤다. 자잘하거나 억세고 쇤 것은 손질해서 솥에다 쌀과 함께 넣었다. 밥하는 동안 구수한 밥향과 두릅의 알싸한 향이 오감을 자극하는 것에 몸을 맡기고 그것을 즐겼다. 뜸이 드는 동안 마당으로 나가 달래를 몇 뿌리 뽑아다 흔들어 씻어 송송 썰어 넣어 양념장을 만들었다. 달래향이 다시 코를 자극하고 나는 그저 밥이 되기를 기다렸다.

뜸이 들었다. 식탁으로 들고 갈 인내심이 이미 나에겐 없다. 그저 부엌의 한 쪽에서 밥을 푸고 달래장을 한 숟가락 얹어 쓱쓱 비볐다. 첫 수확한 두릅을 넣고 지은 밥을 달래장에 비벼 입에 넣는 첫 숟가락, 그 맛을 뭐라 멋진 말로 표현할 수가 없다. 양념장이 아무리 맛있어도 간은 약하게 비벼야 한다. 그래야 두릅의 맛과 향을 온전히 느끼면서 밥을 먹을 수 있다. 두릅이 있어 좋은 봄이다.

● 두릅밥 짓기

재료(4인분 기준)

쌀 2컵, 두릅 데친 물 2컵, 작은 두릅 200g, 물 3컵, 소금 약간
달래양념장: 간장 1큰술, 물 1큰술, 송송 썬 달래 2큰술, 들기름·깨소금 약간

만드는 법

① 쌀은 첫 물을 재빨리 버리고 깨끗이 씻어 30분간 불린다.
② 두릅은 겉껍질을 떼어 내고 손질해 깨끗이 씻어 물기를 뺀다.
③ 두릅이 잘 익도록 두릅의 줄기 쪽에 칼집을 넣는다.
④ 소금을 한 자밤 넣은 끓는 물에 두릅을 줄기 쪽부터 넣어 1분간 데친다.
⑤ 두릅은 찬물에 헹궈 물기를 꼭 짜고, 두릅 데친 물은 따로 담아 밥물로 쓴다.
⑥ 불린 쌀을 냄비에 담고 두릅 데친 물을 부어 밥을 한다.
⑦ 밥이 끓기 시작하면 불을 가장 약하게 줄이고 15분간 둔다.
⑧ 밥이 되는 동안 양념장을 만든다.
⑨ 15분 뒤, 냄비의 뚜껑을 열고 미리 데쳐 둔 두릅을 넣고 다시 뚜껑을 덮는다.
⑩ 불을 끄고 5분 정도 뜸 들인 뒤, 밥을 고루 섞어 푼다.

불고기
잡채
미역국
수수팥밥

생일에 외식하는 사회에 대처하는 나의 생일상

생일이라고 패밀리 레스토랑에 예약하고 친구들을 불러 매식하는 세상에 산다. 돌이켜 생각해 보면 나도 몇 번인가는 딸아이 생일에 그랬던 것 같다. 거기까지 생각이 미치면 나중에 딸아이가 엄마의 생일상을 어떻게 기억할지 두려움이 생긴다. 내 생일에 어머니는 단 한 번도 밖에서 음식을 사 주지 않았으므로 당연히 친구들을 불러 외식으로 생일잔치를 한 적이 없었다. 어머니는 외손녀의 생일에조차 수수팥떡을 해서 들고 오시는 분이다. 할머니는 손수 떡까지 해 주셨는데 어머니는 식당에 가서 편하게 자기의 생일을 보내게 했다고 기억할지도 몰라 딸아이의 눈치가 보인다. 내가 어린아이였을 때는 백일이나 돌잔치 외에는 생일잔치라는 말조차 없었다고 아주 옹색한 변명을 준비해 두기는 했지만 어쩐지 낯이 뜨겁다.

나이를 먹어서 그런가, 나는 이제 내 생일이나 가족 누군가의 생일이 되면 마음을 내고 시간을 내서 생일상을 차리고 싶다. 가족이 모두 둘러앉아 여유롭게 밥을 먹으며 추억을 만들고 훗날 기억해 내고 싶기 때문이다. 가족뿐 아니라 친구나 동료들의 생일에도 그렇게 같이 시간을 보낼 수 있으면 좋겠다. 가능하면 일을 좀 줄이고 내 인생 어딘가에 자리를 잡고 있는 사람들과 적어도 생일 밥만이라도 같이 먹고 수다를 길게 떨면서 지내고 싶다.

그게 왜 꼭 열세 살이었는지는 모르겠지만, 아마 초등학교를 졸업하는 나이라서가 아닐까 하고 짐작만 하고 있을 뿐이지만, 친정어머니는 내가 열세 살이 될 때까지 꼭 미역국과 수수팥떡을 해 주셨다. 미역국은 인덕(人德)이 있으라고 끓여 주는 것이고, 수수팥떡은 나쁜 귀신이 나를 해치지 못하도록 지켜 주는 것이라며 꼭 몇 개는 먹어야 한다고 말씀하시면서 첫 하나는 입에 넣어 주기까지 하셨다. 동지가 되면 붉은 팥죽을 쑤어 먹으면서 역질 귀신을 쫓고자 했던 것처럼 수수와 팥의 붉은색이 귀신을 쫓는다고 믿는 어머니의 신앙과도 같은 자식 사랑의 표현이 생일날 해 주셨던 수수팥떡이 아닐까.

열세 살을 무사히 넘기고 더 자라 결혼하고 처음 맞는 남편의 생일에 친정어머니가 오셨다. 나는 미역국을 끓이고 고기를 구워 상을 차렸고, 어머니는 붉은 수수팥떡과 잡채를 해 오셨

다. 그리고 앞으로는 남편의 생일에 수수팥떡을 하기 어려우면 팥밥이나 수수밥이라도 해 주라고 당부하셨다. 그래야 남편이 건강하고 하는 일마다 잘된다는 것이었다. 우리의 결혼을 몇 년에 걸쳐 그렇게나 반대하시고 일주일 넘게 단식을 하시던 어머니가 막상 결혼식이 끝나고 나니 딸보다 사위를 더 많이 챙기셨다. 아마도 그게 다 나를 위한 것이었겠지만 사위가 좋아하는 생선, 김 등을 늘 사 가지고 오셨다.

딸아이를 낳고 돌을 맞았을 때 어머니는 또 수수팥떡을 해 오셨다. 그러면서 딸아이가 열세 살이 될 때까지 아무리 힘들더라도 수수팥떡을 해 주라고 당부하셨다. 그 이후에는 떡을 하기 어려우면 팥밥이나 수수밥으로 대신 해도 좋다고 하셨다. 그래야 아이가 건강하게 잘 크고 훌륭한 사람으로 자란다는 것이었다. 하지만 딸아이 첫돌 이후에 단 한 번도 나 혼자 수수팥떡을 해 보지 못했다. 말씀으로는 그리 해 주라 이르시더니 실제로는 딸아이의 생일마다 이른 아침에 어머니가 직접 떡을 해 들고 오셨기 때문이다.

지난달에 남편의 생일이 지나갔고 며칠 지나면 내 생일이다. 남편의 생일에도, 나의 생일에도 늘 미역국을 끓여 먹었다. 어머니의 표현을 빌면, 미역국을 끓여 먹어야 인덕이 있어 사회생활을 하는 데 어려움이 없다고 한다. 하지만 평소에도 나는 워낙 미역국을 자주 끓여 먹는다. 미역의 씹히는 식감과 바다를 연상하게 하는 비릿한 향을 좋아하기 때문이다. 어렸을 때 먹고 살기 어려운 탓에 자주 먹지 못하던 소고기 국물 맛을 탐닉하던 그 습관이 굳어진 것인지도 모른다. 요즘은 소고기말고도 미역국의 맛을 끌어올려 주는 수많은 식재료들이 있어 다양한 이름의 미역국을 끓여 먹기도 하니 더욱 미역국이 좋아진다.

시댁 집안에 전복을 양식하는 어른이 계신데 가끔 살아 있는 전복을 보내 주신다. 그때마다 살아 있는 전복을 막 채취한 미역 위에 얹어 보내 주시면서, 전복이 다른 먹이는 먹지 않고 오로지 신선한 미역만 먹으면서 자란다고 하셨다. 우리가 몸을 보하기 위해서 먹는 고급 음식인 전복의 유일한 먹이가 미역이라는 이야기다. 그만큼 미역이 생명을 키우고 살리는 데 좋다는 것이다. 그래서 우리도 아이를 낳고 나면 한 달여를 미역국만 먹으면서 아이에게 젖을 물리는 것인지도 모르겠다.

어머니의 말씀이 다 맞는 것은 아닐 것이다. 인덕은 자기하기 나름일 것이므로 생일에 미역국을 끓여 먹지 않는다고 인덕이 없지는 않을 터이니 말이다. 이러나저러나 나는 생일에 미역국을 끓여 먹는 오랜 습관을 그만두지 않을 거다. 나를 낳고 미역국을 드셨을 어머니를 위한 일이기도 하고 그나마도 안 해 먹으면 인생이 너무 쓸쓸할 것 같기 때문이다. 내 손을 움직여 음식을 할 수 있는 한 나는 계속해서 미역국을 끓일 것이다.

생일에 잡채가 빠지면 서운하다. 맛있는 잡채를 어머니는 꼭 식구들 생일에만 해 주셨다. 그러니 우리 집에서는 일 년에 가족 수만큼만 잡채를 먹을 수 있었다. 넉넉하게 살지 못해서 다른 재료에 비해 당면이 잔뜩 들어간 잡채였다. 그러나 그 쫄깃한 당면발이 매끄럽게 목을 타고 넘어가면서 내는 설탕의 달달한 맛과 간장의 짠맛을 좋아하지 않을 수 없었다. 채소가 몸에 좋다니 요즘은 영양의 균형을 맞춘답시고 당면을 적게 넣고 잡채를 만들어 보지만, 좀처럼 어린 시절에 생일에만 먹던 그 잡채의 맛은 나지 않는다. 어쩌면 어머니만의 잡채를, 더 정확히 말하자면 어머니의 음식 맛을 흉내 내지 못하는 것일 수도 있다.

    생일에 어머니가 가족들을 위해 잡채를 해 주시는 건 긴 당면 가닥처럼 명줄 길게 오래오래 살라는 뜻이었다. 시장에 나가 밀국수를 사다가 끓여 주셔도 그만이었을 것이다. 하지만 어머니는 여러 가지 재료를 하나하나 따로 볶아 식힌 뒤, 집에서 담근 오래된 간장으로 간을 하셨다. 그 간장의 감칠맛에 입 안에 저절로 침이 고였다. 거기에 귀한 참기름을 듬뿍 넣고 설탕으로 단맛을 더해 달달하고 고소한 잡채를 한 접시 듬뿍 담아 상에 올려놓으셨다. 잡채는 상에 앉아서 먹는 것보다 무치시는 어머니 옆에서 징징거리며 졸라대서 얻어먹는 것이 더 맛있었다. 고개를 젖히고 입을 벌리면 어머니는 양념이 묻어 있는 손으로 한입 가득 잡채를 넣어 주셨다. 그게 얼마나 맛난지

얼른 밥상에 앉고 싶어 마음이 바빠졌다.

몸이 피곤하고 이래저래 귀찮은 날에 가족 생일을 맞으면 나는 소면을 삶아 집에서 담근 간장과 들기름에 살짝 무쳐 먹는다. 목구멍을 타고 넘어가는 소면이 맛있기는 하다. 하지만 곧 후회한다. '마음만 먹으면 언제든 해 먹을 수 있는 국수를 준비하다니, 가족 생일이 아니면 언제 잡채를 해 먹겠다고' 하

며 후회한다. 그러면서 '어머니가 그러셨듯이 나도 가족의 생일엔 가능하면 모여 앉아 건강과 행복을 기원하면서 추억을 만들어야지' 하며 다시금 각오를 다지게 된다.

불고기가 생일 밥상에 오른 건, 우리가 초등학교에 입학한 뒤, 군인이었던 아버지의 인사이동에 따라 서울로 이사를 온 다음이다. 농촌에서 살 때와는 어머니의 활동 폭이 조금 달라졌다. 어머니가 계를 하시면서 동네 아주머니들과 멀리 외출하시는 날이 생겼다. 또 정릉 안쪽에 살던 우리가 어머니를 따라 지금의 돈암동 어디쯤으로 나들이를 다니는 행사도 시작되었다. 계를 탄 사람이 계원들에게 밥을 사는데 그때마다 서울식 불고기를 파는 집으로 갔다. 길게 채 썬 무가 하얗게 무쳐져 같이 나오는 불고기를 먹을 수 있는 유일한 날이었다. 나온 고기가 양에 차지 않아 아껴 먹고 남은 국물에 밥을 비벼 먹었는데 그 맛이 꿀맛이었다. 잘 먹는 자식들이 눈에 밟혔는지 어머니는 가족들의 생일이 되면 식당에서 먹은 불고기의 맛을 흉내 내어 생일상을 차려 주셨다. 잡채에 이어 불고기는 생일상에 오르는 또 다른 중요한 음식이 되었다.

지금도 가끔 그 시절의 불고기 맛이 생각나 서울에 가면 구멍이 뚫린 불판에 얹어 구워 먹는 서울식 불고기집을 찾아가 먹어 본다. 그러다 어느 날 나는 그 불고기판을 하나 구입했다. 그 옛날 기분을 내면서 밥을 먹기 위해. 그러다 그것도 사치라 여겨져 그림처럼 모셔 두고 프라이팬 위에 고기를 굽는다. 어머니가 차려 주셨던 것처럼 가족들의 생일마다 나도 어머니의 불고기 맛을 흉내 내서 밥상을 차린다.

우리 집에서는 가족의 생일이 되어서야 소고기가 밥상에 올랐다. 생일이 아니면 아버지의 밥상에나 가끔 오르고 아이들인 우리들은 심하게 앓고 난 다음에 몸을 추스르라고 끓여 주시던 죽에서나 소고기를 볼 수 있었다. 끼니 걱정을 해야 했던 때이니 투정 부릴 처지도 아니었기에 일 년에 불과 몇 번 밖에 먹을 수 없었다. 소고깃값은 지금도 여전히 만만하지 않다. 못살던 시절의 추억이 무에 그리 대단하냐고 하겠지만 나는 그때의 추억을 잊고 싶지 않다. 그래서 남편이나 딸아이의 생일이 돌아오면 여전히 소고기를 사다가 볶고 있을 것이다.

며칠 뒤면 내 생일이다. 그날 나는 어머니의 당부대로 수수팥밥을 해 먹을 것이다. 혹시 가족이나 친구가 챙겨 주지 않아도 섭섭해 하지 않으며 나를 낳아 주신 어머니께 감사드리고 남은 삶이 평탄하기를 바라는 기원을 수수밥에 담을 것이다. 그리고 미역국도 끓여야지. 내가 더 많이 노력하겠지만, 내 인생에 들어와 있는 나의 인덕들과 더 재미있게 일하고 더 즐겁게 살기 위해 미역국을 한 대접쯤 먹을 것이다. 아직은 하고 싶은 일들이 많으므로 더 오래 살아야 하니 잡채도 해 먹어야겠다. 불고기쯤은 다음으로 넘겨도 좋겠지만.

● 압력솥으로 수수팥밥 짓기

재료(4인분 기준)
쌀 1.5컵, 찰수수 1/4컵, 팥 1/4컵, 물 2컵, 소금 약간

만드는 법
① (1) 팥을 깨끗하게 씻어 물 1컵을 넣고 삶는다.
　 (2) 끓기 시작하면 불을 끄고 물을 버린 뒤, 다시 물 3컵을 넣고
　　　 20분간 삶는다.
　 (3) 팥물을 버리지 말고 남겨 밥을 지을 때 밥물로 잡는다.
② 쌀을 씻는다.
　 (1) 쌀에 물을 붓고 대충 씻는다는 기분으로 휘휘 저어 물을 버린다.
　 (2) 박박 문지르지 말고 양손바닥을 붙여 비비면서 꼼꼼하게 씻는다.
　 (3) 2~3번 더 휘휘 저으면서 씻어 체에 밭쳐 30분간 불린다.
③ 수수를 쌀과 같은 방법으로 씻는다.
④ 밥솥에 분량의 팥물과 수수를 넣고 30분간 불린다.
⑤ 수수를 불린 밥솥을 불에 올리고 뚜껑을 연 채로 센 불로 끓인다.
⑥ 물이 끓기 시작하면 불린 쌀과 삶아 놓은 팥, 소금을 넣고
　 뚜껑을 덮어 밥을 한다.

닭찜
계절채소주먹밥
녹차꼬마김밥
두부김밥

나누면 기쁨이
배가 되는 도시락

●

대학을 막 졸업하고 서울 을지로에 있던 출판사에서 일여 년을 일하고 바로 신촌에 있는 학교로 출근했다. 유월에 첫 출근을 했는데 내가 맡은 반 아이들은 일 학년으로 신입생 티를 벗기에는 너무 짧은 석 달 동안, 내가 벌써 세 번째 담임이라고 했다. 처음 교실로 들어가던 순간 잉크병이 내 머리 위로 날아와 바닥에 떨어지고 박살이 났다. 지금은 구경하기도 힘든 잉크병을 저마다 가지고 글씨를 쓰던 시절이었다. 첫인사로 잉크 세례를 받은 셈이었다. 옷은 물론 교실 앞 복도가 검은색 잉크로 엉망이 되었다. 버린 옷 때문에 당황스러웠지만 아무 말 안 하고 걸레로 바닥의 잉크를 닦고 별일 아니라는 듯 종례를 마치고 나왔다. 그렇게 험난한 하루를 마치면서 새내기 교사 생활이 시작되었다.

반 아이들과 마찬가지로 새내기였던 나는 새내기 교사 시절 누구나 그렇듯 남들보다 일찍 출근해 교실도 돌아보고 수업 준비를 하고 또 하면서 하루하루 적응해 가고 있었다. 그러던 어느 날, 아이들이 오기 전 교실을 살피러 갔다가 책상에 엎드려 있는 남학생을 보았다. 일찍 등교했으니 칭찬하는 의미로 머리도 쓰다듬고 격려하려고 가까이 가도 그 아이는 책상에 엎드린 채 일어나지 않았다. 어쩐 일인지 궁금해 일으켜 물으니 아침을 먹지 못하고 새벽 신문을 돌리고 학교로 와서 배가 고파 그런다는 것이다.

나는 교무실로 돌아가 싸 온 도시락을 가져다 다른 아이들이 오기 전에 어서 먹으라고 하고 교실 문을 닫고 나왔다. 교직원 조회를 마치고 학생 조회를 하러 다시 교실로 가니 그 아이는 그새 기운을 차리고 이리저리 뛰어다니고 있었다. 코끝이 시큰해져 아이를 똑바로 쳐다볼 수가 없었다.

수업이 끝나고 집으로 가기 전, 그 아이는 내 자리에 어설프게 씻은 빈 도시락을 가져다 놓았다. 그러는 사이 여름 방학이 왔고 다시 2학기가 시작되면서 나는 도시락을 두 개씩 싸가지고 다녔다. 가끔은 몰라도 매일 밖에서 밥을 사 먹는 일도 지겹고 무엇보다 어머니 음식 솜씨가 좋아 다른 밥을 먹고 싶지 않았다.

서툴고 버거운 교사 생활의 첫 일 년을 마쳤다. 아이들의

학년이 바뀌고 나는 다시 새로운 아이들을 맞이했고, 그 아이와 도시락을 나누며 쌓고 있던 비밀스런 날들도 새 학년이 시작되면서 자연스레 끝이 났다. 다른 교사의 반에 배정되었기에 내가 더는 관심을 가지면 안 되는 상황이었다. 아이의 가정환경을 대략 전하기는 해도 도시락 이야기를 전할 수는 없었다. 괜히 내 자랑을 하는 것 같기도 하고 새로운 담임에게 부담을 줄 수는 없었기 때문이다. 새 학년, 새 학기에는 누구나 바쁘게 새로운 환경에 적응하느라 힘들게 지내는 시기이므로 그 아이는 서서히 내 관심에서 사라지고 있었다.

3월이 가고 4월이 가고 5월이 되어 스승의 날이라고 부르는 어느 날, 그 아이가 내게 찾아와 책상 위에 구겨진 신문지 뭉치를 놓고는 아무 말도 하지 않은 채 등을 돌리고 뛰어갔다. 무엇인지 궁금해 들여다보니 그날 아침 신문 뭉치 안에 뭔가 묵직한 것이 잡혔다. 풀어 보니 석고 강아지 두 마리가 들어 있었고 신문지 안쪽에 감사하다는 인사가 삐뚤빼뚤한 글씨로 적혀 있었다. 수많은 선물을 받아 보았지만 구겨진 신문과 그 안에 들어 있던 작은 강아지 두 마리는 아직도 내 마음에서 오랜 반려견처럼 같이 살고 있다.

졸업하고 그 아이는 고등학교로 진학했다. 그러는 사이 집안 형편이 좋아져 더는 새벽에 신문을 돌리지 않는다고 했다. 세상사 다 그런 것처럼 시간이 흐르면서 나도 그 아이도 서로

잊고 지냈다. 그 세월이 사오 년쯤 되었을 무렵, 수업하는데 교실 밖에서 한 의젓한 청년이 손을 흔들고 있었다. 교실을 나서는데 그 청년이 피로회복제 한 병을 손에 쥐어 주었다. 아침을 굶고 교실 책상에 엎드려 있다가 도시락으로 나와 첫 소통을 시작했던 그 녀석이었다. 고등학교를 졸업하고 직장에 취직했는데 첫 월급을 받고 내 생각이 나서 달려왔다는 것이다. 제

일 먼저 출근해서 제일 늦게 퇴근하는 내가 늘 피곤해 보여서 마음이 쓰였다며 그래서 피로회복제를 사 왔다는 것이었다. 등을 한 번 토닥거려 주고 교무실로 가려고 하니 내 손에 쥐어 준 병을 빼앗아 병뚜껑을 따서는 굳이 자기가 보는 앞에서 마시라고 재촉해 댔다. 터질 것 같은 눈물을 애써 숨기느라 얼결에 받아 마시고 교무실로 돌아오니 내 책상에 방금 전에 마신 한 병을 뺀 나머지가 들어 있는 상자가 놓여 있었다. 마음이 급해져서 한 병을 들고 내가 수업하고 있는 교실로 달려온 녀석의 마음에 정말로 피로가 한 번에 다 가시는 것 같았다.

사람 사는 것 다를 게 없다. 안 보면 죽을 것 같고 쳐다보고 있어도 그리울 것 같던 사람도 세월이 흐르면서 그 강도가 엷어지는 게 인지상정이다. 생각만으로도 눈물이 날 것 같던 그 아이도 내 삶에서 점차 잊혀 가고 있었다. 나는 학교를 그만두고 다른 일을 하다가 도시 생활을 접고 지리산으로 내려왔고 도시에서 맺은 인연들과 멀어지고 있었다.

그러던 어느 하루, 남편의 이메일로 한 사람이 내 안부를 물으며 연락을 해 왔다. 남편이 하는 일과 연관해 인터넷으로 검색해서 연락하게 되었다고 했다. 처음 교사가 되어 만난 아이들 중 하나였다. 아이들끼리 종종 내 이야기를 했다며 지리산으로 찾아와도 괜찮겠냐고 물었다. 나는 몹시 들떠서 며칠을 보냈고 장년이 된 아이들의 얼굴을 알아보지 못하면 어쩌지 하는 엉뚱한 걱정으로 잠을 다 설치고 있었다. 약속한 주말에 그들이 찾아왔다. 걱정과는 달리, 만나지 못하고 지낸 이십 년 가까운 세월을 뛰어넘고 한 녀석, 한 녀석 모두 얼굴을 기억하고 이름을 부르면서 얼싸안았다. 열 서너 살에 만난 아이들이 사십 대가 되어 나를 찾아온 것이라 그 반가움과 감동은 이루 말로 할 수 없었다. 아이들 중에 도시락의 주인공, 그 아이가 떡하니 같이 있었다.

이제 더는 그들과 연락이 끊기는 일이 없다. 가끔 연락해 안부를 묻고 내가 서울에 갈 때 만나 함께 차도 마시고 밥도 먹는다. 때로 지리산으로 찾아오기도 하면서 인연이 이어지고 있다. 아마 이십대 초반에 만난 그 아이들과 나는 함께 잘 늙어갈 것이다.

도시락을 떠올리면 잊을 수 없는 사람이 또 하나 있다. 음력 정월대보름 다음 날, 장 담그는 교육을 하러 당진으로 갈 일이 있었다. 함께 일하는 강사와 교육장에서 바로 만나기로 하였는데 그 강사가 전날 전화해서 중간 휴게소에서 만나자고 했다. 뭔가 긴히 할 이야기가 있나 하는 생각으로 평소보다 더 일찍 출발해서 약속한 휴게소로 갔다.

나보다 먼저 도착한 그녀는 휴게소 안 탁자에 보따리를 풀어놓았는데 그 보따리에는 보름날 해 먹은 오곡밥과 아홉 가지 나물들이 정갈하게 담겨 있었다. 멀리서 출발해 오후 교육에 가야 하는 내가 점심을 먹지 못할 것을 배려해 도시락을 싸 가지고 왔다면서 먹으라고 했다. 처음엔 목이 메어서 잘 넘기지 못하고 나중에는 싸 가지고 온 그 도시락을 한 숟가락도 더는 들어갈 수 없을 만큼 충분히 맛있게 먹고 교육 장소로 갔다. 물론 다른 날보다 더 기운차게 교육을 했다.

그런 그녀가, 오 년의 긴 시간을 맛있는 부엌에서 동고동락한 그녀가 다른 일을 찾아 떠나게 되었다. 서로 얼굴을 붉히거나 큰소리 한 번 내지 않고 잘 지냈고 말하지 않아도 상대가 원하는 것을 알아차리면서 같이 일했던 그녀가 떠난다니 붙잡고 싶은 마음이 간절하다. 하지만 그것도 내 욕심인가 싶어 말을 꺼내지 못하고 있다.

속으로 그녀가 일을 그만두기 전에 꼭 한 번 맛있고 예쁜 도시락을 싸서 같이 나들이하고 싶다고 생각한다. 이번엔 내가 정성을 들여 도시락을 준비해서 가야 한다고 생각한다. 하지만 실행에 옮길 수 있을지 알 수 없다. 어떤 핑계거리를 만들어 놀이를 가자고 할지 모르겠어서 더 그렇다. 어쩌면 도시락을 앞에 놓고 앉아 주체하지 못하고 눈물이 흐를까 봐 두려워 소풍은 그저 마음으로만 가고 말 해프닝이 될지도 모르겠다.

● 두부김밥 만들기

재료(4인분 기준)

쌀 5컵, 다시마 2장, 김 10장, 두부 1모, 우엉 1대, 부지깽이나물 1단, 당근 1개, 무장아찌 1/4개, 현미유 2컵, 들기름 2큰술, 집 간장 1큰술, 조청 2큰술, 참기름 1큰술, 소금 약간, 통깨 1큰술

만드는 법

① 두부는 굵고 길게 채 썰어 물기를 제거하고 노릇하게 두 번 튀긴다.
② 채 썬 우엉은 들기름을 두르고, 투명해질 때까지 볶다가 집 간장과 조청을 넣어 조린다.
③ 우엉을 다 조리면 건지고 팬에 집간장과 조청을 더 넣은 뒤, 튀긴 두부를 넣어 조린다.
④ 당근은 채 썰어 팬에 기름을 두르고, 소금 간하여 살짝 볶는다.
⑤ 부지깽이나물은 끓는 물에 소금을 넣고 데친 뒤 찬물에 헹궈 물기를 꼭 짠 뒤, 소금과 참기름을 넣어 무친다.
⑥ 무장아찌는 물에 씻어 물기를 제거한 뒤, 곱게 채 썰어 준비한다.
⑦ 쌀에 다시마를 넣고 밥을 지어 소금, 참기름, 통깨로 간을 해서 골고루 버무린 뒤, 김 위에 얇게 펴고 두부를 놓고 채소를 듬뿍 넣어 김밥을 싼다.

● 녹차꼬마김밥 만들기

재료 (4인분 기준)

밥 5컵, 참기름 1큰술, 소금 약간, 김밥용 김 5장, 깻잎 10장, 우엉조림, 녹차멸치볶음

만드는 법

① 밥에 참기름과 소금으로 밑간을 한다.
② 우엉을 조린다.
③ 멸치를 차와 함께 볶는다.
④ 깻잎은 깨끗이 씻어 물기를 제거한다.
⑤ 김을 가로로 반을 자른다.
⑥ 김 위에 밥을 펼쳐 놓는다.
⑦ 밥 위에 깻잎 한 장을 놓는다.
⑧ 깻잎 위에 우엉조림과 멸치볶음을 길게 펴 얹는다.
⑨ 몸 바깥쪽으로 힘을 주어 김밥을 만다.
⑩ 김밥을 썰어 그릇에 담아낸다.

● 계절채소주먹밥 만들기

재료 (4인분 기준)

쌀 3컵, 얼갈이배추 1/2단(열무로 대체 가능), 매실장아찌 100g, 된장 약간, 참기름 2~3큰술, 들기름 2~3큰술, 깨 2큰술

만드는 법

① 쌀을 깨끗이 씻어 밥을 한다.
② 배추는 손질하여 끓는 물에 1분 정도 데친 뒤, 찬물에 헹궈 물기를 빼 놓는다.
③ 데친 배추의 물기를 꼭 짠 뒤, 송송 썰어 된장을 넣고 잘 무친다.
④ 매실장아찌를 곱게 다진다.
⑤ 무친 배추, 매실장아찌, 기름, 깨를 넣고 골고루 섞은 다음 주먹밥 모양을 만든다.

● 닭찜 만들기

재료(4인분 기준)

닭(대략 1kg 볶음용) 1마리, 무 200g, 양파 1개, 당근 1/2개,
표고버섯 3개, 마른 고추 2개, 식용유 3큰술, 대파 1뿌리, 생강 4~5쪽,
마늘편 10쪽, 통후추 10알
양념장 : 맛간장 5큰술, 청주 1/2컵, 조청 2큰술, 물 1컵

만드는 법

① 닭은 깨끗이 씻어서 먹기 좋은 크기로 토막을 낸다.
② 생강과 마늘을 얇게 저미고, 대파는 3~4cm 길이로 자르고, 마른 고추는 반으로 잘라 놓는다.
③ 무와 당근은 한입 크기로 잘라 놓는다.
④ 양파는 한입 크기로 자르고, 표고버섯은 따뜻한 물에 불려 4등분한다.
⑤ 둥근 팬에 식용유를 두르고 마른 고추, 생강, 마늘, 통후추를 넣는다.
⑥ 손질한 닭을 넣고 볶는다.
⑦ 닭이 노릇하게 익으면 건져 낸다.
⑧ 냄비에 닭과 손질해 둔 무, 당근, 양파를 넣고 양념장을 넣고 물을 자작하게 붓는다.
⑨ 뚜껑을 덮고 중간 불에서 15분간 끓이고 뚜껑을 연 채 약한 불에서 졸여 익힌다.

죽순밥

어머니의 행복이 쑥쑥
자라라고 먹는 밥

언젠가 어머니는 당신의 소원이 더 늦기 전에 전국 팔도강산을 두루 다니며 맛난 것을 사 먹고 눈 호강하는 거라 하셨다. 내가 알기로 그 맛난 것이라는 게 기껏 해야 냉면 한 그릇이나 막국수 정도인데도 밖에서 사 먹는 밥값이 무섭고, 길에다 버리는 교통비가 아깝다며 어머니 스스로 가방을 싸서 여행 떠나시는 걸 본 기억이 없다.

　어머니는 스스로 떠날 용기도 없지만 자식이 떠나자 한다고 선뜻 따라나서지도 않으신다. 그런 어머니를 낯선 길 위로 불러내기가 그리 쉬운 일이 아니다. 게다가 어머니 생각엔 밖에서 사 먹는 밥값은 늘 너무 비싸다. 음식점에는 아예 발을 들여놓으려 하지 않으시니 답답하기 이를 데 없는 외출이나 여행이 되기 십상이다.

벌써 거의 이십 년은 지나 이제 가물가물하게 기억이 옅어져 가긴 하지만, 그날은 집안에 혼사가 있어 어머니를 모시고 홍천에 갔던 날이다. 홍천까지 갔으니 동해 구경이라도 시켜드려야겠다 싶어 결혼식이 끝난 뒤 속초로 길을 떠났다. 부지런히 운전해 속초항에 도착했지만 이미 날은 어두워져서 들어가 앉아 끼니를 때울 식당이 하나도 보이지 않았다. 차를 돌려 근처 물치항으로 갔더니 바다를 끼고 들어선 횟집들 중에 몇 집 문이 열려 있었다. 그중 한 곳에서 밥을 먹으며 나는 그동안 어머니의 딸로 살면서 보낸 시간들에 대한 허무함과 깊은 후회로 눈물이 났고, 그 눈물을 들키지 않기 위해 무지하게 고생을 해야 했다.

어머니는 다리가 길고 여러 개인 연체동물류를 먹지 않으셨다. 언젠가 오징어를 먹다가 체한 뒤로 오징어만 먹으면 다시 통증이 온다고. 아니, 오징어나 오징어 비슷한 것들이 들어간 음식의 국물만 먹어도 통증이 심하게 온다고 하셨다. 그래서 우리 가족은 비 오는 어느 오후, 밥은 하기 싫고 중국집에 전화라도 걸고 싶은 날이나 왠지 얼큰한 국물이 유난히 먹고 싶은 날에도, 중국집의 짬뽕 같은 건 꿈도 꾸지 못했다.

그런데 그날, 그 물치항의 허름한 횟집에서 어머니는 동해 바다 짠 내를 잔뜩 머금은 오징어회를 후루룩거리며 잘도 드셨다. 생선회가 몇 점 남아서 매운탕에 넣어 같이 끓일까 하고 내

가 접시를 들자마자 어머니가 그 접시를 가져다 남은 몇 점의 회를 다 드시는 모습도 보이셨다. 부끄러운 고백이지만 그때까지 나는 어머니가 회를 드실 수 있다고 생각한 적이 단 한 번도 없었다. 생각해 보면 군인 남편을 따라 부산으로, 진해로 이사를 다녔으니 바닷가 사람들의 생식 문화를 모르지 않으실 터인데, 어쩌면 그런 음식을 좋아하셨을 수도 있었는데, 그걸 내가 애써 외면하고 살았던 건 아닐까. 순간 반성했다. 맛있다거나 혹은 싱싱하다거나 하는 말씀도 하나 없이 조용히 앉아서 드시는 모습에서 비현실적인 엄중한 분위기가 느껴졌다.

어머니는 강원도 홍천의 우악스러운 산골에서 태어나셨다. 차를 운전해 그곳에 가 본 적이 있는데 차마 두 번을 가자고 하면 거절하고 싶을 만큼 어렵고 험난한 산골이었다. 나는 홍천 바로 옆 춘천의 산골 마을에서 태어나고 자랐다. 초등학교에 입학하기 전에는, 교육 때문에 영향 받을 일이 없는 나와 동생은, 어머니와 아버지를 따라 이리저리 옮겨 다니는 삶에 적응해야 했다. 초등학교에 입학한 뒤로는 큰 이모 손에서 밥을 먹고 학교에 다니는 서울살이를 시작했고, 졸업을 하고 취직을 하고 결혼을 했다.

지금 지리산 골짜기에 살면서도 나는 여전히 도시인으로서의 삶을 버리지 못하고 도시와 산골을 오가며 지내고 있지만, 뿌리는 역시 강원도 산골에 두고 있다. 산골 생활이 어디나 다

그렇듯 신선한 해산물을 먹을 수 있는 환경이 아니다. 어릴 적 춘천 외곽의 산골에 살면서 먹었던 해산물이라고는 생일마다 끓여 먹었던 미역국의 미역과 고등어자반과 말린 양미리, 그리고 겨울이 제철인 도루묵이 전부였다. 나는 세상의 해산물은 그게 다라고 생각하며 자랐다.

학교를 졸업하고 지금의 남편을 만나기 전까진 생선을 날로 먹었던 기억이 단 한 번도 없다. 어머니도 나처럼, 먹어보지 못한 음식에 대한 거부감으로, 당연히 모든 생선들은 굽거나 찌거나 조려서 먹는 조리법만을 알고 계실 것이라 여기며 살았다.

어버이날이나 어머니 생신 때, 밖에서 가끔 매식을 해도 해산물이나 회를 파는 식당은 단 한 번도 가족의 입에서 거론된 적이 없었다. 그런 배경에는 가장인 아버지가 좋아하셨던 육식을 선택하도록 우리를 종용했던 어머니의 아버지에 대한 배려가 있었는데 나는 그걸 모르고 살았다. 어머니도 육류를 좋아하시는 거라고 생각 없이 믿으며, 내 어리석음을 깨닫지 못하며 나이를 먹었다. 그런 내 실체를 물치항에서 오징어회를 드시는 어머니를 보면서 직면했다. 어머니의 삶을 건성으로 들여다보고 선입견을 가지고 살아온 나를 질책하며 소리 없이 울었다. 어머니께 그런 내 모습을 들킬까 조바심치면서 어머니의 그 철통 같은 세월이 서러워서 울었다.

그때의 여행은, 돈을 많이 쓴다며 어서 집으로 가자는 어머니의 뜻을 거역하고, 동해를 따라 내려가 다시 남쪽의 바다를 끼고 달리다 담양의 소쇄원에서 끝이 났다. 한낮의 뜨거운 열기를 식히기에 더없이 좋은 대밭이 서늘한 바람 소리를 내며 유혹하는 곳으로 들어갔다가 모기에 물려 꽤 오래 고생을 했다. 소쇄원에서 모기에게 몸 보시를 하고 근처의 식당에 가서 밥을 먹다가 나는 또 울컥했다.

대나무가 많은 담양이었고 소쇄원 근처라 식당에서는 대나무에 음식이 담겨 나오기도 하고 죽순으로 조리한 음식들이 여러 가지 나왔다. 전으로 부친 죽순, 초고추장에 무친 죽순, 말렸다가 들깨로 버무린 죽순, 된장찌개에 들어간 죽순 등등 정말로 다양한 죽순 음식들이 상 위에 즐비했다. 그중 최고는 대통 안에 쌀을 넣고 지은 밥이었다. 그 안에도 죽순이 들어 있었다.

밥을 다 먹고 나서 주인에게 양해를 구하고 밥이 담겨 있던 대통을 들고 집으로 왔다. 씻어서 말려 책상 위에 두고 지금도 연필통으로 쓰고 있다. 버리지 못하고 가지고 있는 이유는 그날의 마음 상태를 잊지 않기 위해서다.

호남 지역의 웬만한 식당이 그렇듯이 그날 갔던 식당도 예외는 아니어서 우리가 앉은 밥상 위로 올라온 음식 가짓수가 임금님 수라상과 다르지 않아 보였다. 감탄사가 절로 나오는 음식들에 놀라고 어머니가 보인 반응에 놀라서 입을 다물 수가 없었다. 그날 어머니는 식사를 마치고 흡족해 하시며 내게 한마디 던지셨다.

"어멈아, 나는 더 늙기 전에 이렇게 여기저기 다니면서 맛있는 거 먹고 좋은 거 보고 그렇게 살면 좋겠다."

그날 집으로 돌아오면서 나는 어머니의 그 말씀을 잊지 않

아야겠다고 생각했다. 어머니와 자주 길을 떠나야겠다고 마음 먹었다. 그 여행은 반드시 바다와 싱싱한 회와 사서 먹는 음식만 있는 그런 것이어야 한다고 다짐했다. 식재료 따위 싸 가지고 다니면서 집에서와 같이 밥을 해 먹으며 다니는 궁상을 떠는 여행이 아니라 그야말로 어머니가 좋아하고 원하시는 그런 여행을 해야겠다고 구체적인 계획을 머릿속에 그리기도 했다.

그리고 그럴 수 있을 거라 굳게 믿었다.

하지만 나는 그러지 못했다. 한 달에 한 번은 아니더라도 계절에 한 번은 떠나야지 하다가 일 년에 한두 번은 갈 수 있겠지 하면서 세월이 흐르고 있었다.

내 자신과 한 약속쯤이야 다 잊었을 때쯤 어머니와 나는 일본 도쿄에 사는 동생에게 다녀올 일이 생겼다. 동생 집에 머물면서 나는 해외여행에서 언제나 그랬듯 아침 일찍 거리로 나가 밤이 늦도록 돌아다니며 그곳의 음식을 먹고 식재료를 살피는 데 시간을 다 보내고 있었다. 그런 일정에 어머니는 하루도 빠지지 않고 계속 나를 따라다니셨다. 힘드시진 않은지 여쭈면 괜찮다고 하시는데 즐거워하는 모습이 역력해 보였다. 그 여행에 동행했던 남편은 나를 이해하지 못하겠다며 동생 집에서 나오지 않는 날에도 어머니는 나를 따라 나서셨다. 그 여행을 다녀오면서 나는 담양의 한 식당에서 어머니가 하셨던 말씀을 다시 떠올렸다. 더 늙기 전에 여행을 다니면서 좋은 거 많이 보고 맛있는 거 먹으며 살고 싶다고 하시던…. 나는 그간의 무심함을 자책하며 돌아왔다.

사월에 여행을 다녀오고 초여름이 되면서 내가 살고 있는 지리산에 죽순이 올라오고 있었다. 나는 그 죽순으로 밥을 해 먹기 시작했다. 담양에서 만났던 대통을 구하기 쉽지 않아 그냥 압력솥에 밥을 했다.

소쇄원에 다녀온 다음, 나는 죽순의 매력에 빠져 한동안 죽순이 많이 나오는 초여름이 되면 죽순을 구해 이것저것 해 먹었다. 지리산의 북쪽이기는 해도 위도상 제법 남쪽이라 그런지 우리 마을에도 대밭이 더러 있어 구입도 가능하고 가끔 거저 얻을 수도 있기 때문에 더 매력을 느끼고 있었다. 통조림이나 염장이 아닌 생죽순을 구해서, 강아지 털 같은 촉감을 가진 겉껍질을 벗기고 거기서 뽀얀 속살을 구해 내는 즐거움도 빼놓을 수 없는 죽순을 조리하는 재미다. 그 재미 때문인지 어머니를 기억하겠다는 처음 의지와는 달리 수업에서만 죽순 요리를 이용하고 있었다. 그러다 잊어버려 희미해진 그 소쇄원 결의가 다시 생각났다.

어머니의 소박한 행복을 내가 책임져야겠다는 결심이 희미해지지 않도록 마음을 다지는 의미로 다시 죽순밥을 했다. 지리산 골짜기에서 오징어회로 나의 마음을 다지기는 어려우니 쉽게 구해지는 죽순밥으로 대신한다고 누가 뭐랄 사람은 없을 것이다. 비가 오고 대나무밭에 죽순이 쑥쑥 올라온다. 어머니를 생각하며 스스로 했던 그 약속을 지키기 위해 죽순을 구해다 밥을 해서 양념장에 쓱쓱 비빈다. 쓱쓱 비벼 한 숟가락씩 입에 넣을 때마다 어머니의 행복이 쑥쑥 자라기를 바라면서.

● 죽순밥 짓기

재료(4인분 기준)

쌀 2컵, 미나리 데친 물 2컵, 죽순 100g, 미나리 100g(물 3컵), 간장 1큰술, 들기름 1큰술

양념장: 간장 1큰술, 물 1큰술, 부추 30g, 들기름 2작은술, 참기름 1작은술, 깨소금 1큰술, 고춧가루 1작은술

만드는 법

① 죽순의 껍질을 까서 쌀뜨물에 30분간 삶아 찬물에 3~4번 이상 우린다.
② 쌀을 씻어 체에 건져 30분간 불린다.
③ 죽순을 빗살무늬로 얇게 썬다.
④ 미나리는 3~4cm 길이로 썰어 깨끗이 씻은 뒤, 끓는 물에 데친 다음 찬물에 헹궈 물기를 제거한다. 미나리 데친 물은 버리지 말고 밥물로 쓴다.
⑤ 압력솥에 씻어 불린 쌀과 미나리 밥물을 넣는다.
⑥ 죽순을 밥솥에 넓게 펴서 넣는다.
⑦ 간장과 들기름을 넣는다.
⑧ 밥솥의 불을 켜고 센 불로 시작해 밥을 짓는다.
⑨ 추가 흔들리면 1분 뒤, 불을 끈다.
⑩ 김이 저절로 빠질 때까지 기다렸다가 뚜껑을 열고 미리 준비해 둔 미나리를 넣고 밥을 고루 섞어 푼다.

냉이바지락밥

위로가
되지 못한 밥

오직 나만 혼자 남아 있었다. 분명히 처음엔 많은 사람들 속에 섞여 있었는데 정말 근처에 한 사람도 남지 않고 달랑 나 혼자였다. 사방이 어두워지고 바구니에 작은 게랑 조개는 가득 찼는데 그걸 들고 집으로 돌아갈 수가 없었다. 어머니 몰래 바구니 하나를 들고 동네 어른들 뒤를 졸졸거리고 따라가 갯벌에 주저앉아 정신없이 바지락을 캐고 게를 잡아 바구니에 담다가 생긴 일이었다. 갯벌에 뚫린 구멍에 손가락을 넣고 후벼 파면 몇 번에 한 번씩은 조개가 나왔고 그 구멍에서 때로는 작은 게들이 기어 나왔다. 집을 공격당해 뛰쳐나온 게들이 우왕좌왕하는 사이 게의 몸통을 엄지와 집게손가락을 이용해 잡아 바구니에 담는 일이 너무 재미있어서, 바구니에 쌓이는 조개들의 양에 나 스스로 대견해져서 아마 옆을 살필 겨를이 없었던 것 같다.

조개와 게들 사이에서 놀고 있는 사이 갯벌에 물이 들어오기 시작했고, 나는 물이 들어온다는 게 뭔지 모르는 어린아이여서 발이 물에 빠지지 않게 물을 피해 조금씩 자리를 옮기면서 계속 조개와 게를 잡는 일에 몰두하고 있었다. 그러다 보니 어느 사이, 물이 가득 들어와 더는 갯벌이 보이지 않는 곳의 둑 위에 덩그렇게 서 있었다. 어떻게 해서 그곳까지 갔었는지 아직도 기억조차 없지만 아무튼 나는 지금의 방조제 같은 둑 위에 혼자 그렇게 바구니 하나를 들고 서 있는 신세가 되었다. 무서운 줄 모르고 다만 어떻게 해야 집으로 갈 수 있는지 몰라 바닷물로 가로막힌 건너편을 가끔씩 쳐다보면서 계속 둑을 따라 걷고 있었다. 그때 기적처럼 반대편에서 안절부절못하고 계신 어머니가 보였다.

어머니는 물속을 걸어서 내가 서 있는 둑으로 오셨고 나를 업고 다시 물속을 걸어 집으로 갈 수 있는 땅에 나를 내려놓으셨다. 그런 와중에도 나는 바구니를 버리지 않고 가지고 있었다. 이미 게와 조개들은 거의 다 사라지고 없는 빈 바구니였지만 악착같이 들고 있었다. 그때 내 나이가 여섯 살이었다.

어머니는 아무 말씀도 안 하셨다. 여느 때처럼 말썽을 피운다고 매를 때리지도 않고 집으로 데려가 그저 밥상을 차려 주셨다. 감꽃으로 땡감으로 옷을 물들이며 속을 썩이다가 드디어는 밖으로 나가 바닷물에 빠져 죽을 지경에 이른 딸을 대하는

질책이 밥상으로 차려진 것이다. 그 일을 생각할 때마다 나는 그날의 어머니 표정을 기억해 낸다. 결혼을 하고 딸아이를 키우면서 생각해 보니 그날의 어머니 심정은 살아 있는 딸아이를 본 것만으로도 감사한 것이 아니었나 싶다. 자칫 잃어버릴 뻔한 아이를 다시 찾았으니 말이다.

어머니의 마음을 알 리가 없는 나는 다시 또 큰 말썽을 두 번이나 피웠다. 한 번은 지금도 해마다 계속되는 진해군항제에 온 동네 애들을 다 몰고 가서 저녁이 되어서야 집으로 거지 같은 꼴이 되어 돌아왔을 때다. 매를 심하게 맞았다. 또 한 번은 옆 동네 어느 집에서 하는 굿을 구경하다가 저녁이 되어 집으로 돌아와 또 매를 맞았던 기억이다. 다음 해 춘천으로 이사한 다음에는 더 큰 사고를 쳐서 어머니를 기겁하게 했다. 아마 나에게는 한곳에 가만히 머물지 못하고 궁금한 것을 찾아다니는 여행자 기질이 아주 어릴 때부터 있었던 것 같다.

나중에 알게 되었지만 어머니는 그날의 사건으로 약간 충격을 받으셨고 내가 조개와 게를 먹고 싶어 벌인 일이라고 판단하시고 게와 조개를 구해다 삶아 주셨다고 했다. 냄비 가득 갯벌에서 갓 잡아 온 조개를 담고 삶아, 벌어진 껍질 사이에서 꺼내 먹는 조갯살은 설명이 따로 필요 없을 만큼 맛있었다. 내가 너무나 먹고 싶어서 캐 오고자 했다고 판단하고 실컷 먹으라는 의미를 담아 해 주신 음식이었다고 하셨다. 사실 그게 먹고 싶었다기보다는 그저 어른들이 그렇게 매일매일 찾아가는 그 갯벌에서의 작업을 같이 해 보고 싶었을 뿐이었다.

바지락은 그렇게 나에게로 왔다. 그날 내가 갯벌에 앉아 옷이 젖는지도 모르고, 물이 들어와 죽을지도 모르는 상황에서 천연덕스럽게 캐고 있었던 그 조개가 바로 바지락이었다. 그때의 어머니 나이를 훌쩍 넘긴 딸을 둔 나이의 내가 아직도 바지락만 만나면 그날 둑에 선 내 앞에 펼쳐진 바다가 생각나 아찔하다. 집으로 돌아오지 못했을지도 모르고 어쩌면 물에 빠져 죽었을지도 모르는 엄청난 일이었는데 어려서 그 공포를 느끼지 못했을 뿐이었다.

그 공포는 어른이 되어서야 알게 되었다. 새벽 두 시가 넘은 시간에 경부고속도로에서 운전을 하다가, 2차선에 차를 세우고 의자를 뒤로 잦힌 채 잠을 잤던 날이 있었다. 서울에서 일을 마치고 바삐 내려가는 길이었는데, 운전을 하면서 너무 피곤하고 졸려 잠깐 눈을 붙인다고 갓길에 차를 세운다는 것이, 도로 한복판에 세운 것이다.

지나가던 차량 운전사가 나를 보고 경찰에 이 사실을 알렸고, 경찰이 차문을 세게 두드렸을 때에야 나는 잠에서 깨어나 상황을 파악했다. 눈을 뜨자마자 온몸에 소름이 돋으면서 상황이 파악되었다. 경찰로부터 만취한 아줌마 취급을 받아도 하나도 서운하지 않고 감사했다. 게를 캐러 갔던 날, 내가 느끼지

못했던 그 공포를 대신 느꼈고, 딸을 구하기 위해 목까지 차오르는 바닷물로 뛰어드신 어머니의 마음이 고스란히 와닿았다.

가끔 바지락을 사다가 된장찌개도 끓이고 찜도 한다. 된장찌개를 끓일 때는 덜한데 찜을 하는 날엔 국물을 떠먹으면서 그날을 떠올린다. 바지락에서 나온 국물이 온전히 다 바닷물이라 그렇다. 그래서 가끔은 바지락 사기가 꺼려지기도 한다. 바다가 두려운 탓이다.

두려운 기억이 바지락으로 향하는 손을 주저하게 만들었지만, 이후에 바지락만 보면 사고 싶게 만든 사람을 만났다. 비슷한 일을 하는 사람들끼리 단체를 하나 만들어 꾸리느라 만난 사람이었다. 그 사람은 갯벌이 넓은 바닷가 근처가 고향이라고 했다. 그는 어머니를 뵈러 일 년에 서너 번 고향을 찾는다고 했다. 어린 시절처럼 지금도 고향에 가면 여전히 밥상 위에 올리는 모든 음식에는 바지락이 들어간다고 했다. 그는 어떤 음식을 먹어도 바지락이 같이 들어가 있지 않으면 제맛이 안 난다고 했다. 국에도, 찌개에도, 나물에도, 무침에도, 조림에도 언제나 바지락이 있다고 했다. 그래서 모든 음식은 맛이 없을 수가 없다고.

그 경험을 해 보고 싶었다. 소심한 내가 모든 음식을 다 그렇게 조리하기 어려우니 우선 바지락과 아주 잘 어울리는 냉이로 실험을 했다. 평소에 냉이를 무칠 땐 그저 간장과 된장, 혹은 간장과 고추장을 이용해 구수하거나 매콤하게 하는 것이 전부였다. 그런데 살짝 익힌 바지락을 한 줌 넣고 무쳐서 먹어 보니 그 맛이 배가 되어 너무나 맛있는 냉이나물이 되었다. 그래서 내가 해 오던 냉이나물의 조리법에 바지락이 더해졌다. 수업을 받는 사람들도 다들 좋아하는 음식이 되었다.

한 가지를 해 보고 용기를 얻은 나는 바지락을 밥에 넣고자 시도해 보기로 했다. 그래서 탄생한 밥이 냉이바지락밥이다. 나도 만족스러웠고 내가 해 주는 바지락밥을 먹어 본 사람들도 만족스러워했다. 그래서 나는 제철음식학교 커리큘럼에 이 밥을 추가해서 이른 봄에 꼭 한 번씩 수업하고는 한다.

처음으로 냉이바지락밥을 성공하던 날에, 나는 자신의 고향에서 바지락을 어찌 먹는지 알려 준 사람에게 꼭 한 번은 따끈하게 밥을 해서 먹여야겠다고 생각했다. 좋은 아이디어를 준 사람에 대한 예의이기도 하고, 내가 그 친구를 좋아하기도 해서다. 그렇게 생각만 했을 뿐 실행에 옮기지 못하고 있었다.

그러는 사이, 그는 새벽에 두어 번 전화를 걸어 왔다. 내가 운전을 하다가 고속도로 한복판에 차를 댈 정도로 피곤에 허덕이던 그 시절, 한잠이라도 눈을 붙여야 했던 새벽 시간들에 자다가 깨서 전화를 받으면 다른 아무 말도 없이 큰소리로 엉엉 울고는 죄송하다며 전화를 끊고는 했다. 두 딸의 아버지로 살면서 박봉에 시달리는 그가 가여워서 불러다 밥을 해 먹여야지 하는 생각을 하면서도 그러지 못하고 있었다. 그러다 같이 관계하고 있던 단체에서 일어난 여러 문제에 대한 책임을 지고 그는 떠났고 우리는 단체를 해체했다.

그 아찔하던 날의 순간에 어머니가 하셨듯이 내가 누군가의 생명을 구할 수는 없다. 그렇지만 전화하기 어려운 늦은 시간에 전화해서 우는 누군가를 위해 따뜻한 마음 한 자락을 내줄 수는 있었을 것인데 나는 그러지 못했다.

봄이 오기 전에 우리 집에 찾아와 내가 해 주는 음식을 먹으며 밤이 새도록 마음껏 술도 마시고 화투도 치고 싶다던 그를 집으로 부르지 못하고 그와 헤어졌다. 오고 싶다고 할 때 바로 출발하라고 하지 못해 많이 미안하고 아쉽다.

함께 밥 먹고
궁합 좋은 우리
박명수

•

내가 살던 경상남도 창원에서 전라북도 남원 '맛있는 부엌'까지는 차로 쉬지 않고 달려 두 시간 거리다. 돌이켜 생각해 보면, 가깝지도 않은 그곳으로 어찌 그리 용감하게 떠날 수 있었나 싶다. 경남에서 출발하는 우리는 수업이 시작되는 열 한 시보다 세 시간 전쯤인 이른 아침에 출발했다. 차가 도심을 벗어나 고속도로를 달릴 즈음이면 이미 마음은 맛있는 부엌에 가 있곤 했다. 가면서 떠는 수다며, 가서 함께할 활동이며, 함께 만들어 먹을 음식들 하며, 지리산의 달라진 산세 풍경이며 기대와 즐거움으로 한 달에 한 번 오는 그 날을 기다렸다. 함께 타고 갈 차를 기다리는 동안의 설렘은 당연한 것이었다.

'근주자적(近朱者赤)'이라고, 내 곁에는 음식을 좋아하는 사람들이 많았다. 또 그런 곳에 나도 모르게 이끌렸다. 2013년, 내가 한살림소비자생활협동조합에서 식생활교육 강사 과정을 수료한 일도 필연이었을 것이다. 산지의 풍부한 식재료들을 접할 수 있을 뿐 아니라, 밥상과 농업과 생명을 연결해 생각하는 한살림에서 활동하면서 많은 사람들을 만났다.

모두 나와 마찬가지로 음식을 사랑했고, 식생활에 관심이 많았고, 음식을 남들보다 더 알고 싶어 했고, 모두가 함께 할 수 있는 건강한 음식 문화를 만들고 싶어 했다. 한살림경남소비자생활협동조합에서 만난 그 사람들과 2015년 봄, 지리산으로 공부하러 가자고 작당했다. 한살림연합에서 전통 장류 지도자 과정을 열었고, 고은정 선생님에게 배울 수 있는 기회라고 하니 뜻을 모으는 건 눈 깜짝할 새였다.

지리산 '맛있는 부엌'은 고즈넉한 산 밑 동네에 있다. 진주와 산청을 거쳐 지리산 인터체인지로 들어와 꼬불꼬불한 산길을 달리다 보면 어느새 지리산 품 안으로 들어가고 거기서 맛있는 부엌을 만난다. 입구에서 보면 저 끝에는 봄볕을 머금은 정갈한 장독대가 있고, 앞마당에는 제각각 다양한 채소들이 자라고 있었다. "와, 이기 뭐꼬?", "여기가 어디랴?", "저 그릇들 보소". 우리는 차 문을 열며 시끄럽게 내렸다.

그 따뜻한 공간에서, 고은정 선생님이 그 공간만큼이나 따듯한 미소를 담고 우리를 맞아 주었다. 2015년 봄, 그곳에는 우리뿐 아니라 부산, 대전, 광주, 전주에서 온 사람들이 있었고, 다들 얼굴 가득 새로운 만남과 새로운 장소에서 할 새로운 경험에 대한 기대를 담고 있었다. 아이돌을 보며 환호를 지르는 팬들처럼, 제철 따라 와 있는 식재료를 보고 우리는 환호성을 질렀고, 제철 음식의 매력에 속수무책 빠져들었다.

그날 먹은 밥이 냉이바지락밥이다. 누가 처음에 냉이와 바지락을 함께 먹을 생각을 했을까? 이리 조화로울지 어떻게 알았을까? 이 어울림에 조금 긴장했던 마음이 녹았다. 더구나 냉이와 바지락의 맛의 하모니가 이리도 고급스러운데, 만드는 과정마저 쉽고 가볍다니 더 매력적이었다.

새로운 공부를 시작했던 그 봄을, 우리는 봄의 향을 입에 담으며 시작했다. 마침 들과 밭에는 냉이가 봄이라고 소리치고, 바다에서는 바지락이 아우성이던 때였다. 우리 마음도 새로운 공부에 대한 기대로 아우성이었다.

훌륭한 식재료들은 한 해의 시작인 봄에 많이 난다. 봄과 겨울의 정확한 경계를 가리라고 하면 무엇이 기준일까. 차디찬 겨울의 끝에 개구리가 잠에서 깨야 봄이 온 것일까. 외투 하나 걸치고 들판으로 나가 보면 금세 안다. 갈색과 노란색으로 즐비하던 길가에 얼핏 다른 색이 보인다. 겨울을 견디고 있다가 숨바꼭질하듯 수줍게 얼굴을 내보이며 "나야, 나" 하고 올라오는 초록들이 보인다. 따스한 봄볕을 먹고 무럭무럭 자라나 어느 새 들판이 초록으로 물든다.

시작이 반이라더니, 한 해를 시작하는 그때에 생명력을 폭발시키는 걸까. 꽁꽁 얼었던 땅을 톡톡 두드리며 올라온 싹에 담긴 힘이라니. 차가운 땅에서 싹을 틔우는 것들 중에서도 냉이는 더 특별하다. 냉이의 향은 봄이다. 언 땅에서 냉이가 싹을 틔우듯, 냉이 향은 겨울 동안 찬바람에 얼어 있던 우리 코끝을 간질이며 나타난다. 거리 예술가들이 비어 있는 담벼락을 보면 견딜 수 없는 충동을 느낀다는데, 냉이 향을 한 번 맡은 사람도 반드시 다시 그 향을 찾는다.

추운 겨울을 보내고 다시금 어깨를 펴는 힘은 바지락에게도 있다. 입을 딱 닫은 바지락을 맨손으로 열 수 있는 사람이 있을까. 이 강인한 생명력은 단단한 두 개의 껍질을 하나의 갑옷처럼 보이게 입을 꼭 다물고 있다. 그 갑옷 밑에는 바지락이 그토록 숨기고 싶어 하는 봄 바다의 향이 숨어 있다. 바지락이 뜨거운 열기에 두 손, 두 발 다 들고 입을 열면 그 향기들이 스멀스멀 뿜어져 나온다. 웬만한 향기들론 이길 수 없다. 바다의 강렬한 짠맛, 바다 향기는 바지락에 내리는 훈장과 같다.

향만으로도 냉이와 바지락은 궁합이 좋다. 향이란 건 맡는 순간, 그 향을 만났던 그 곳, 그 기억으로 데려다준다. 유명한 광고 카피 문구, "지나가는 사람에게서 내 남자의 향이 난다" 같은 것 말이다. 냉이와 바지락 향은 내 혀에, 내 코에 지울 수 없이 각인되어 있다. 향은 봄을 데려다 놓고, 같이 향을 음미했던 사람들을 내 앞에 데려다 놓는다. 향 좋은 것이 맛도 좋다. 한입 가득 밥을 떠 넣으면 간도 적당하다. 바지락이 바다의 짠기를 그대로 가져와, 양념을 하지 않아도 그 자체로 짭짜름하

다. 냉이는 아삭하게 씹히고 바지락은 감기듯 부드럽다.

  이 밥은 하기도 쉽다. 먼저 쌀을 씻고 불려 놓는다. 가볍게 흐르는 물에 씻어서 잠시만 그냥 놔두자. 그동안 냉이와 바지락도 밥솥 안으로 들어갈 준비를 마칠 테니까. 땅에 바싹 붙어 자라는 냉이에는 흙과 모래가 많이 묻어 있다. 흙과 모래를 털어 내겠다고 냉이를 물에 바락바락 씻어 내면 냉이 향도 함께 씻어 내게 된다. 물을 받아 냉이를 담그고, 작은 아이 씻기듯 달래가며 씻어 내는 게 좋다. 꽉꽉 움켜쥐면 냉이가 아파하니 살살 물에서 돌려 가며 씻는다. 이 과정을 두세 번만 거치면 입 안에서 우리를 성가시게 하는 흙을 물과 함께 흘려보낼 수 있다.

바지락은 전날 밤 해감을 해 놓아야 한다. 자칫 그걸 잊어버리면 지금 준비하는 밥을 내일 저녁에 먹어야 할 수도 있다. 미리 해감한 바지락을 껍질이 서로 부딪히지 않게 살살 씻어 준다. 바지락을 씻을 때 입을 앙 다물고 있지 않는 친구는, 마음이 아프지만, 아쉽게도 먹을 수 없을 지도 모른다. 그렇다면, 자연으로 돌려보내 주자.

재료 준비를 마쳤다면 평소처럼 밥을 하면 된다. 한 김이 빠지고 뜸이 든 다음 뚜껑을 열면, 그 안에 평소 먹던 밥과 다른 밥이 있을 것이다. 평소 먹던 밥에서 달큰한 밥 향기가 난다면 이 밥에선 구수한 향이 난다. 들과 바다가 코에 함께 들어온다. 겨울 동안 못 맡아 본 향에 코끝이 곤두선다. 마치 '이제 나는 돌아오는 봄을 맞을 준비가 되었어. 그러니 어서 한 숟가락 떠서 입을 즐겁게 해 줘' 라고 말하듯.

향 좋은 냉이와 바지락은 몸에도 좋다. 거친 겨울을 뚫고 자라났으니 얼마나 생기 있을까. 냉이는 지혈에 좋아 코피가 잦을 때, 차로 끓여 마셔도 좋고 비타민A가 많아서 눈에도 좋다. 향으로 코를 호강시키는데 거기에다 눈에도 좋다고 하니 얼마나 예쁜 풀인가. 봄철 냉이 가득 넣고 된장국 끓여 먹으면 기분까지 좋아진다. 그럴 때마다 참 고맙다. 바지락에는 철분이 많아 빈혈에 좋다고 한다. 이 둘이 만난, 냉이와 바지락을 듬뿍 넣은 밥은 누구에게도 좋고 궁합이 그만이다.

어울리는 밥을 먹었던 우리들도 참 궁합이 좋다. 그들을 생각하니 눈에서 꿀이 떨어진다. 지금까지 '맛있는 부엌'에서 전통 장류 과정, 제철 요리 과정, 약선 요리 과정을 함께 해 오며, 뜻을 함께하는 동지로, 친구로 살뜰히 지내 오고 있다.

봄이면 산과 들에서 나오는 나물들을 기어코 나누어 먹어야 하고, 집에 농사가 잘된 작물이 있으면 들고 와 나누어 먹어야 하고, 여름이면 지리산 계곡에 함께 발 담그고 있다가 강의 시간에 늦고 마는 불량 제자가 되고, 가을이면 감나무에 매달린 감을 따 먹겠다고 평균 나이 반백의 어른들이 나무에 매달리고, 겨울이면 장독대 뚜껑에 곱게 내려앉은 눈을 손바닥에 모아 눈싸움을 서슴지 않는 그런 친구들.

맛있는 부엌에 모인 사람들이 이리 잘 어우러질 줄 누가 알았을까? 냉이와 바지락이 쌀과 어우러져 한 그릇 따듯한 밥이 되듯이, 우리도 한 그릇 밥이 되자고 했다. 누구는 냉이, 누구는 바지락이 되어서 포근하고 넉넉한 한 그릇 밥 같은 사람들이 되자고. 그 다짐은 함께 먹은 밥의 힘이 불러온 것일 거다. 냉이바지락밥처럼 맛있는 우리가 차린, 우리처럼 맛있는 그 밥을 말이다.

박명수 님은 한살림소비자생활협동조합과 경남 지역에서 식생활 교육 강사로 활동하고 있으며 '맛있는 부엌'에서 제철 학교와 약선 요리 과정을 수료하고 현재 제철음식학교 강사로 활동하고 있습니다. 즐겁게 먹을 수 있는 건강한 밥을 짓고 제철 재료로 음식을 만들어 가족과 지역 이웃들에게 나누며 살고 싶어 합니다.

● 냉이바지락밥 짓기

재료(4인분 기준)

쌀 2컵, 냉이 100g, 바지락 육수 2.5컵(바지락 300g, 물 2.5컵), 청주 1큰술

만드는 법

① 쌀을 씻어 체에 밭쳐 30분간 불린다.

② 바지락을 소금물에 담가 어두운 곳에서 해감한 뒤 바락바락 비벼 씻는다.

③ 냄비에 바지락과 물을 넣고 바지락이 입을 열 때까지 끓여,
　　입 벌린 바지락은 체에 밭쳐 두고 육수는 따로 담아 둔다.

④ 냉이는 깨끗하게 다듬어 모래가 나오지 않을 때까지 씻어 건져 놓는다.

⑤ 냄비에 불린 쌀과 바지락 육수, 청주를 넣고 센 불에서 밥을 한다.

⑥ 밥이 끓기 시작하면 불을 줄이고 밥물이 자작하게 될 때까지 더 끓인다.

⑦ 밥물이 자작하게 잦아들면 손질해 둔 냉이를 2cm 크기로 썰어 밥에 얹는다.

⑧ 건져 두었던 바지락을 밥 위에 얹는다.

⑨ 불을 아주 약하게 줄이고 15분간 뜸을 들인다.

⑩ 뚜껑을 열지 말고 5분간 남은 미열로 뜸을 더 들여 밥을 푼다.

여름 夏

사람을 만나다
밥을 짓다

두부밥
삼계밥
문어밥
보리밥
치자밥

여름 더위와 싸우며 지쳐갈 무렵, 마당 한 구석 깨진 새우젓 항아리에 심어 둔 치자나무에 핀 흰 꽃을 보았다. 흰 꽃잎 여섯 장은 바람개비인 양 금방이라도 바람을 일으켜 내게로 불어올 것 같다. 어느 사이 부는 바람을 따라 온 치자꽃의 시원하고 달콤한 향기가 코끝을 간질인다. 조금 전 짜증은 사라지고 몸도 마음도 가벼워진다.

치자밥

화해의 밥

●

치자꽃이 피면 계절은 꼼짝없이 한여름으로 치닫는다. 일상적인 활동을 이어가기 어렵게 기온이 올라가, 뭘 봐도 뜨겁게 느껴지고 뭘 먹어도 덥게만 느껴진다. 모두 일에 의욕이 사라지고 몸이 마냥 늘어진다. 그나마 다행스러운 건 일교차가 제법 큰 지리산에 둥지를 틀고 살아 밤에라도 좀 서늘하다는 것이다. 게다가 국립공원 안에 사는 덕분에 초록이 지천인 세상을 매일 볼 수 있다. 더위와 싸우며 도시에 사는 사람들에 비해 나는 자연이 주는 혜택을 더 많이 누리고 산다는 생각에 감사를 반복하면서 지리산에서 여름을 난다.

여름 더위와 싸우며 지쳐갈 무렵, 마당 한구석 깨진 새우젓 항아리에 심어 둔 치자나무에 핀 흰 꽃을 보았다. 흰 꽃잎 여섯 장은 바람개비인 양 금방이라도 바람을 일으켜 내게로 불어올 것 같다. 어느 사이 부는 바람을 따라 온 치자꽃의 시원하고 달콤한 향기가 코끝을 간질인다. 조금 전 짜증은 사라지고 몸도 마음도 가벼워진다.

치자꽃 필 무렵, 아버지가 집을 나가셨다. 그간의 고생스러운 삶을 정리하고 앞으로는 가족 때문에 구속 받지 않고 편하게 살고 싶다며 한 달 뒤에 집을 나가겠다고 나에게만 예고를 하셨다. 내가 살던 아파트 단지 입구의 편의점 앞 파라솔 아래서 캔 커피 하나를 앞에 놓고 담담하게 이야기하셨다. 어머니와 다투신 홧김에 하시는 말씀으로 여겨 나는 흘려버렸다.

며칠 뒤, 한쪽 귀로만 듣던 어머니가 귀 수술을 하셨다. 그 큰 수술을 하신 뒤 미각을 잃고 기운이 떨어져 제대로 걷지도 못하셨다. 당시, 오후에 일을 시작했던 나는 매일 아침 친정으로 가서 어머니를 모시고 뒷산 어귀를 산책하듯 같이 걸었다. 어머니의 회복을 위한 효도랍시고 산책을 같이 다니고 있었다. 입맛을 회복시킬 가능성이 있는 음식을 사서 같이 먹거나 친정집에서 점심을 같이 해결하고 돌아와 밤까지 일하는 생활을 반복했다.

그날도 산책을 마치고 밖에서 어머니 좋아하시는 냉면으로 점심을 해결하고 어머니를 친정에 모셔다 드렸다. 현관문을 열고 들어서는데 늘 보던 정돈된 실내가 그날은 이상하게도 괴기스럽게 느껴졌던 걸로 기억한다. 옷을 갈아입으러 방으로 들어가셨던 어머니가 다시 나오며 아주 나지막한 목소리로 "아버지

가 집을 나가셨구나"라고 하셨다.

정말 아버지가 가출을 하셨다니. 가슴이 철렁 내려앉았다. 그날의 대화가 그냥 지나칠 내용이 아니었다는 걸 너무 늦게 실감했다. 아버지는 어머니에게 나라에서 주는 연금을 반은 남길 것이니 잘 살라는 편지 한 장을 달랑 남겨 놓고는 사라지셨다. 전화를 걸어 설득하고, 다시 전화를 걸어 설득하고, 그런 날이 계속되던 어느 날 전화도 끊겼다. 연금의 반을 주시겠다던 약속은 단 한 번도 지켜지지 않았다. 어디선가 아버지를 보았다는 사람들 이야기를 건네 듣고 아버지가 여전히 건재하시다는 걸 알고 지냈다. 어머니는 시름시름 앓다가 회복하시고, 어느 날은 아버지를 향한 악다구니를 쏟아 내시고, 또 어느 날은 자식이 주는 밥을 얻어먹느니 차라리 아버지가 돌아오시면 받아들일 것이라며 아버지를 그리워하셨다. 그렇게 하루가 이틀이 되고 이틀이 쌓여 달이 가고 해가 갔다. 해마다 치자꽃이 피고 치자꽃이 피면 되돌릴 수 없는 그날을 기억하지만 시간이 흐른 만큼 그 통증도 차츰 옅어졌다.

우여곡절 끝에 나와 어머니는 도시생활을 접고 지리산으로 이사했다. 아버지와의 추억이 하나도 없는 곳으로 왔다. 이사 준비가 한창일 때 어머니는 미국 시카고에 사는 큰 동생네로 가서 반년을 계시다 오셨다. 어머니와 그렇게 길게 떨어져 얼굴을 안 보며 산 것은 그때가 처음이었다. 십중팔구 어머니가 계셨으면 같이 왔을 지리산에, 가족과 짐이 오기 석 달 전부터, 나 혼자 내려와 집 전체를 다 뒤집어 수리를 하고, 청소를 하고, 썰렁한 마당에 손바닥만 한 텃밭을 만들었다. 가족이 이사하고 사람들이 다녀가고 하는 사이에도 치자꽃이 피었다 졌다.

치자꽃은 백옥처럼 하얗게 피었다가 수정이 되면서 꽃잎이 노랗게 바뀌고 이내 떨어진다. 꽃잎 떨어진 자리에 다시 꽃봉오리처럼 예쁜 열매가 올라온다. 처음엔 초록이던 열매가 여름 햇살의 뜨거운 열기에 노랗게 익어가고, 가을이 되어 기온이 떨어지면 마르면서 주황색이 되고 주홍색으로 바뀐다. 치자꽃 필 무렵, 나는 원인을 알 수 없는 복부 통증에 시달리며 병원을 전전했다. 따지 못한 치자꽃이 나무에서 다 말라 가도록 회복하지 못하고 누워 지냈다.

어머니가 안 계신 탓이라고, 지리산이 나를 거부하고 있는 것인지도 모르겠다고, 곰팡내 나는 보이차를 자꾸 먹인 친구 때문이라고…. 열두 가지 넘는 이유를 가져다 붙이며 통증을 원망했다. 그러다가 몸이 좋아지기만 하면 아무리 힘난한 삶이라도 받아들이고 잘 살겠다고 다짐 아닌 다짐을 하였다. 이러다 죽을 수도 있겠다는 생각이 들었다. 주변을 정리해야겠다는 판단을 했다. 억지로 몸을 일으켜 물건들을 정리하기 시작했다. 그 무렵 나의 부탁으로 춘천에서 내려와 나를 돌봐 주던 큰이모가 어머니에게 연락을 했고 어머니가 황급히 귀국하셨다.

 어머니가 오시자 나는 좋아지기 시작했지만 정상적으로 활동할 수 있는 상황은 아니었다.
 그러다 어느 날, 낯선 이에게 전화를 한 통 받았다. 아버지가 살고 계신 동네의 복지사라 하였다. 아버지가 갑자기 쓰러지셔서 서울의 모 대학병원에 입원했는데 곧 돌아가실 것이니 올라오라는 소식이었다. 나는 갈 수 없어서 가지 못했고, 설사

갈 수 있다고 해도 가지 않았을 것이다. 어머니와 이모, 큰 동생이 아버지에게 갔다. 장례를 치러야 할 것 같았지만 아버지는 기적적으로 깨어나 퇴원하시고 다시 연락처를 바꾸고 사라지셨다. 퇴원을 하기 전, 아버지는 큰 이모에게 내가 나쁜 딸이라고 계속 말씀하셨다고 했다. 가출 직후에 아버지에게 드린 쓴 소리와 병원에 가지 않은 게 이유였다. 그러나저러나 다시 사라진 아버지가 어머니 속을 쓰리게 하고 어머니는 또다시 버림받은 사람처럼 느끼시는 것 같았다.

육 년이 흘렀다. 여전히 나에게는 연락을 안 하시던 아버지가 이모를 통해 어머니와 합치고 싶다는 의사를 전해 오셨다. 어머니는 아버지에게 가고 싶다며 내 의사를 물으셨다. 그러는 동안 그 모든 소통에서 나는 제외되었다. 아버지는 여전히 나를 버린 채로 어머니만을 원하신다고 판단했다. 나는 어머니 인생이니 어머니 결정에 맡긴다고 했지만 아버지를 용서할 수 없으니 나에게 아버지와 화해하라고 강요하지 않으면 좋겠다고 했다.

어머니는 그해 추석 무렵에 아버지에게로 가셨다. 어머니는 자신을 버리고 나간 남편을 용서하고 받아들이셨다. 어머니는 그 일이 어머니만의 문제라고 생각하셨다. 그러나 나는 좀 다르게 받아들였다. 아버지는 아내만을 버리고 나가신 게 아니고 자식들도 모두 버리고 나가셨다. 어머니와 따로 사시는 것은 받아들이겠지만, 자식인 나하고는 연락을 하며 살자는 나에게 자식인 나도 버리겠다고 선언하시던 아버지의 목소리를 생생히 기억하고 있다.

치자 열매로 색을 내서 노란 전을 부치고 적을 부치는 추석을 코앞에 두고 어머니는 십 여 년을 같이 살던 나를 두고 아버지에게로 가셨다. 가슴이 벌렁거리며 아프고 숨이 가빠졌다. 그해 추석에 노란 치자 물을 곱게 내어, 의식을 치르듯, 밥을 지어 먹었다. 그 뒤로 가끔 치자 열매의 노란색을 밥에 입혀 먹는다. 심장의 열을 내리고 화를 삭이는 치자의 효능을 밥에 얹는 것이기도 하고, 나를 위할 사람은 나밖에 없으니 나에게 주는 위로라는 의미를 더해 치자밥을 지어 먹었다.

어머니가 아버지에게 가신 뒤로 어머니가 사시는 집에 한 번도 가지 않았다. 아버지를 만나고 싶지 않아서다. 그런데 그런 아버지와 어쩔 수 없이 마주쳐야 하는 사건이 생겼다. 가까운 친인척을 초대해 어머니 팔순 모임을 하자는 동생의 제안을 거절할 명분이 없어서 그러자고 했다. 모임에 가지 못할 핑곗거리가 생기면 좋겠다는 생각을 할 정도로 예민해졌지만 그런 일은 일어나지 않았다. 그리고 그날 아버지는 휠체어를 타고 그곳에 나타나셨다.

나는 더 화가 났다. 건강해서 어머니와 남은 인생을 재미나게 보낼 수 있을 때 어머니를 부르셨다면 아마 화가 덜 났을

것이다. 혼자 아무것도 할 수 없게 되자 어머니를 부른 아버지에 대한 원망과 분노가 자식이 아니었으면 참지 못할 만큼 생겼다. 그날 나는 아버지와 단 한 번도 눈을 마주치지 않은 채 기본적인 시간을 보낸 뒤 일이 있다면서 가장 먼저 그곳을 빠져나왔다. 그런 자리에서 얼렁뚱땅 화해를 하고 싶은 마음이 조금도 없었다.

언제고 화해를 해야 한다고 생각은 하고 있었다. 아버지가 돌아가시기 전에 화해를 해야지 하고 마음먹고 있었다. 더는 어머니를 불편하게 해서는 안 된다고 마음을 다독거려 보지만 그게 잘 안 되었다. 선뜻 아버지를 용서하지 못하고 있었다. 자식의 도리가 아닌 줄도 알겠는데 그게 생각처럼 되지 않았다고 하는 편이 옳다. 더 늦으면 땅을 치고 후회할 일이 생길지도 모르는데 그 화해가 왜 그렇게 어려운지. 그렇게 해가 가고 또 해가 바뀌고 아버지와의 화해는 점점 더 어려워지고 있는 듯이 느껴졌다.

나의 세상이 바뀌고 만약 내가 아버지와 화해를 한다면 아버지와 마주하는 첫 밥상에 나는 치자밥을 올리고 싶었다. 어머니를 아버지에게 보내고 순간순간 치미는 화를 내리기 위해 자주 지어 먹었던 치자밥을, 더는 그런 의미로 먹지 않겠다는 다짐이라고 생각했다. 치자꽃이 피는 더운 여름에 오로지 더위를 이기기 위해서 먹는 음식으로만 먹거나 노란색을 예쁘게 입힌 음식으로만 먹으며 살고 싶다는 희망을 담기 위해서다. 다시 치자꽃이 피기 전에 그런 시간이 오기를 소망했다. 그런 생각을 하는 동안에도 가슴이 벌렁거리기를 반복해 아버지와의 화해는 쉽게 이루어지지 않고 있었지만, 올해는 별스럽게도 치자꽃이 피기 전에 아버지와 꼭 화해해야지 다짐하고 있었다. 치자꽃 꽃말은 '끝없는 행복'이라는데.

그렇게 결심만 하고 실행에 옮기지 못하고 지내던 올해 삼월, 아버지는 나와의 화해를 다음 생으로 미루고 세상을 떠나셨다. 어머니는 풀지 못한 숙제인 치자밥과 함께 나에게로 다시 오셨다.

● 치자밥 짓기

재료(4인분 기준)
쌀 2컵, 치자 우린 물 2컵(치자 10g, 물 2.5컵)

만드는 법
① 찬물 2.5컵에 치자 10g을 넣고 30분간 우린다.
② 쌀을 두 손으로 살살 비비며 서너 번 씻는다.
③ 씻은 쌀을 체에 밭쳐 30분간 불린다.
④ 압력밥솥에 불린 쌀과 우린 물 2.5컵을 같이 넣고 밥을 한다.
⑤ 압력밥솥의 추가 흔들리고 1분 뒤, 추 주위 물기가 사라질 때쯤에 불을 끄고 김이 빠지기를 기다린다.
⑥ 김이 빠지면 솥뚜껑을 열고 고루 섞어 밥을 푼다.

감자보리밥

감꽃, 땡감 그리고 이 밥

●

산이 높아 구름도 잠시 누워 쉬었다 간다는 지리산 골짜기 우리 마을엔 감나무가 정말이지 흔하다. 고종이 좋아했다고 고종시라 불리기도 하는 우리 마을 감은 씨알이 작고 홍시가 되어도 단맛이 부족하기 때문에 주로 곶감으로 만들어 팔곤 한다. 한겨울에 잠깐 하는 작업으로 얻는 수입치고는 꽤 짭짤한 편이라 감나무는 계속 관리되고 새로 심겨졌다.

이 북쪽 지리산 곶감은 제법 유명세를 떨치고 있다. 국립공원 안 깊은 산중의 감나무들에 따로 이름표가 달린 건 아니지만 법적 효력 없는 임시 주인들이 다 따로 있다. 아마 생계와 이어져 있는 까닭이겠지. 그러니 오가는 길에 감나무에서 꽃이라도 한 송이 따 먹을라 치면 마치 죄짓는 사람처럼 이리저리 살피게 된다. 그렇다고 그냥 지나치기에는 내 안의 욕구가 너무 강해서 초롱 모양의 꽃 하나라도 따서 입에 넣는다.

감꽃은 잘근잘근 씹으면 처음엔 달고, 다음엔 시큼한 맛이 나는 것 같다가 결국은 좀 떫다. 입천장에 달라붙는 것 같은 감꽃의 떫은맛처럼 내 기억에 달라붙어 떨어질 줄 모르는 감꽃에 얽힌 기억들이 쓴맛으로 확 와서 닿으면 그날은 하루 종일 우울하다.

감꽃은, 희고 그렇게나 예쁜 감꽃은, 나에게는 손톱 밑에 박힌 가시를 빼지 못해 간간이 느껴지는 통증과도 같은 것이다. 직업군인인 아버지를 따라 부산으로 이사를 가서 살던 대여섯 살 무렵은 끼니를 때울 것이 없어 하루에 한두 끼만 먹었다. 정말 먹을 것이 없는 날에는 희멀건 나물죽으로 아침을 때우고 아버지와 어머니가 생계를 위해 나가 계시는 동안, 하루 종일 혼자서 놀아야 했다. 젖먹이 동생은 어머니 등에 업혀 나가고, 어린 나는 혼자 남아 저녁이 다 되어서야 돌아오시는 부모님을 기다리며 긴긴 하루를 견뎠다. 군사정권 시절이었는데 당시엔 아무리 장교라 해도 군인 월급이 정말 몇 푼 안 돼, 월급봉투를 열어 어린 나에게 여름 원피스를 한 벌 사주면 끝이었다고 어머니는 가끔 말씀을 하시곤 한다.

너무 어릴 때라 가물가물하지만 까마득하게 높이 이어지는 계단을 끝도 없이 올라가 대문을 열면 여러 가구가 옹기종기 모여 사는 성냥갑 같은 집이 나왔고, 거기 방 한 칸에 세를 들

어 살았다고 기억한다. 공동 화장실, 공동 취사의 주거 환경이 었는데 지금 생각하면 그때를 우리 모두 다 어찌 살아 냈나 하는 생각이 든다.

혼자 놀다 지쳐 대문을 열고 나서면 길 건너로 높은 담장 아래로 안마당 넓은 집이 보였다.

사람들은 그 집을 '벼락부자네'로 불렀는데 어른이 되어 생각해 보니, 아마도 몰락한 어느 종가의 마당이 넓고 깊은 집을 졸부가 사들여 살았던 것 같다. 어린 내 눈으로 보기에 바깥채만 해도 학교 운동장만 했던 그 집의 담장 안쪽으로는 감나무가 하나 가득 심어져 있었다. 그때의 기억이 확장된 것이겠지만, 더 자라 김원일의 《마당 깊은 집》이란 소설을 읽으면서, 나는 어린 시절 들락거리던 그 벼락부자네 집 풍경이 떠올라 이상하게도 집중할 수가 없었다.

바람이 심하게 불어 벼락부자네 마당에 감꽃이 하얗게 떨어졌다. 낮 시간이 길어질 대로 길어져 가는 5월이었다. 입에 올리기 진부하나 가난한 사람들의 배를 더 주리게 하는 보릿고개로 치닫는 때가 바로 그때다. 멀건 나물죽으로 아침을 때운 내 배는 꼬르륵 소리를 내며 요란하게 나를 몰아붙였다. 벼락부자네 마당, 감꽃을 향해 달리라고.

앞뒤 가리지 않고 달려가 땅에 떨어진 감꽃을 주워 먹다가 갑자기 생각이 바뀌어 원피스 앞자락을 걷어 올리고 거기에 감꽃을 주워 담았다. 겨울 양식으로 도토리를 주워 모으는 다람쥐처럼, 두고두고 오래 아껴 먹겠다는 생각으로, 걷어 올린 치마 앞자락에서 감꽃이 뚝뚝 떨어지는지도 모르고 욕심껏 주워 담았다. 스스로 대견해 하며 흐뭇해져 집으로 돌아온 나는 이불 꿰매는 실타래를 찾아 놀이를 시작했다. 감꽃의 꽃받침을 떼 내고 무명실에 꽃을 꿰어 목걸이를 만드는 것이다. 찢어지고 못생긴 꽃잎은 입에 넣고, 온전하고 예쁜 것은 길게 실에 꿰어 목걸이를 완성해 목에 걸고는 스스로 뿌듯해 하며 잘도 놀았다. 저녁을 해 주러 돌아오실 어머니와 아버지를 기다리는 지루함을 달래기도 하고 배고픔을 잊기 위해 목에 걸린 감꽃을 하나둘씩 따 먹었다.

그렇게 혼자 놀던 어린 나는 배고픔과 기다림에 지쳐 감꽃 목걸이를 목에 건 채 엎드려 잠이 들었다. 일하다 지쳐 돌아오신 어머니는 그런 나를 먹이기 위해 부지런히 밥을 하셨을 것이다. 밥이 다 되고 잠든 나를 깨워 밥상 앞에 앉히다가 어머니는 갑자기 화가 나서 나를 때리셨다고 했다. 아마 나는 영문도 모른 채 혼이 났을 테고, 매를 맞았으니 우는 것만이 할 수 있는 전부라고 생각했을 것이다. 울다 지쳐 저녁도 거른 채 나는 잠이 들었고, 가난한 군인의 아내였던 어머니도 그렇게 할 수밖에 없었던 자신과 자신의 인생 때문에 그 옆에서 같이 울다 굶고 잠이 드셨다고 했다. 나물죽으로 차려진 밥상 혼자 봄밤을 새우고.

225

밥 먹듯 끼니를 거르고 살면서, 허기를 잊게 하는 감꽃마저 편히 먹지 못하고 영문도 모른 채 혼났던 나는, 다 자라 어른이 되었는데도 감꽃만 보면 눈앞이 부옇게 흐려진다. 그래서 자꾸 감꽃을 따서 입에 넣는지도 모른다.

내가 아이를 낳고 키우면서야 그때 어머니의 매질을 이해할 수 있었다. 특히나 아들과는 달리 딸아이는 예쁜 옷을 입혀 인형처럼 키우고 싶은 욕구가 마구마구 일어나기 때문이다. 아버지의 한 달 월급과 바꾼 내 무명 원피스는 감꽃을 주워 담느라 앞자락에 감물이 들고 목걸이로 목에 걸고 다니느라 앞섶이 얼룩덜룩해졌으니 그걸 보신 어머니의 마음이 오죽했을까 싶어 어머니가 이해되었다. 오랜 세월이 흐르고 어머니의 입장이 되어서야 그분 인생에 있었을 뼈저린 아픔 같은 것에 공감하게 되었다.

감꽃이 지고 나면 감나무에게나, 나에게나 지루한 기다림의 시간이 이어진다. 감이 익기를 기다리는 시간은, 배고프고 어린 나에게 고문과도 같은 시간이었다. 차마 기다리지 못하고 어른들에게 들은 이야기를 기억해, 땅에 떨어진 내 주먹만 한 땡감들을 주워 바늘로 콕콕 찔러 소금물에 담갔다.

그렇게 침을 담근 감도 감이 익어갈 무렵에는 최소한 며칠은 따뜻한 곳에 두어야 한다. 그렇지만 해가 긴 여름날, 탁구공만 한 감들을 침담근 지 몇 시간도 채 지나지 않아 벌써 조급해진 나는 감을 하나 꺼내 들고 한입 베어 물었다. 입안 가득 떫은맛이 퍼지면서 입안이 오그라들고 몸서리가 쳐졌다.

그러느라 예쁜 옷을 깨끗하게 입고 고운 모습으로 노는 딸이기를 바라는 어머니의 희망이 또 무너졌다. 대여섯 살 어린 아이의 주먹만 한 감을 침담가 먹겠다고 설치고 다니면서 또다시 무명 치마에 감물을 들였으니. 그렇게 배고픔을 이기지 못해 주접을 떨고 다니는 딸을 향해 어머니는 악다구니와 매질을 해 댔다. 눈뜨고 일어나면 같은 날이 반복되는 영화처럼, 날마다 나는 옷에 감물을 들였고, 어머니에게 야단을 맞았고, 굶고 잠들고를 되풀이했고, 그러는 사이 긴긴 여름이 갔다.

그 여름의 밥상에는 쌀알 한 톨 없이 푹 삶아 부풀려 먹었던 꽁보리밥이 있었다. 아침에 일어나서 보니 전날 차려 놓으신 밥상의 보리밥이 까맣게 말라 있었다. 아마도 보리밥상에 손도 대지 않은 어머니의 속도 그렇게 타서 까매졌을 테다.

팔십이 넘은 어머니는 가끔 보리쌀을 사 오라고 하신다. 그 시절이 떠올라 진저리 쳐지고 지겨울 법도 한데 보리밥이 먹고 싶다고 하신다. 보리밥을 지으실 땐 꼭 감자를 한두 알 까서 통째로 넣고 같이 밥을 하신다. 밥이 다 되면 다른 사람은 주지 않고 당신 밥그릇에만 감자를 담아 조금씩 으깨 밥과 함께 섞으면서 드신다. 그런 어머니를 보고 있다가 나도 모르게 어머니처럼 밥 먹고 있는 나를 보며 깜짝 놀라곤 한다. 어머니가 감자를 으깨시면 나도 으깨고, 어머니가 뚝배기에 지져 놓은 막장을 넣고 비비시면 나도 비빈다. 그러다 열무김치를 넣고 비비기도 하신다. 어느 사이 열무김치 그릇으로 젓가락을 가져가고 있는 나를 발견한다.

따뜻할 때와는 달리 식은 감자보리밥은 상추를 한 바구니 씻어다 놓고 앉아 쌈을 싸 먹어도 좋다. 생된장도 좋고 양념 안

한 고추장도 좋다. 여유가 있다면 강된장을 조금 끓여다 놓고 같이 쌈 싸 먹으면 감칠맛이 증폭되어 더 맛있게 먹을 수 있다. 여름이 깊어진 텃밭에서 실파가 자라고 있다면 씻어다 놓고 상추와 같이 쌈을 싸라고 권하고 싶다. 실파의 매콤하고 씁쌀한 맛이 입안에서 미끄러지며 자칫 밍밍할 수 있는 보리에 맛을 더해 한층 맛나기 때문이다.

돌이켜 보면 어머니에게 자주 혼나고 더러는 매를 맞으며 자랐다. 아주 모범생은 아니었지만 그렇다고 그렇게 자주 혼날 만큼 문제아는 아니었는데도. 요즘 아이들처럼 대 놓고 부모에게 하고 싶은 말을 다 하며 살지 못한 세대라 나는 못나게도 오래도록 마음에 꼭 담아 두었다. 나이가 제법 들어 이제 나도 늙나 하는 생각이 들기 시작하던 어느 하루, 어머니와 밥을 먹으면서 무심한 척 여쭈었다. 어린 나를 왜 그렇게 야단치고 때리셨는지. 오래 마음에 담아 두다가 정말로 힘들게 이야기를 꺼낸 내게 어머니는 '배운 게 없어 무식하고 먹고살기 힘들어서 그랬다'고 무심하게 답하셨다. 아마도 어머니는 아프셨을 것이다. 나도 아팠으니까.

그리고 아셨을 것이다. 그게 시작이라는 걸. 다른 집 딸들처럼 속에 있는 말도 잘 안 하고 어머니에게 곁을 안 주고 산다고 늘 불평을 늘어놓게 하는 딸이 이제 달라지리라는 걸.

그날도 어머니와 나는 보리밥을 먹고 있었다.

● 감자보리밥 짓기

재료(4인분 기준)

쌀 1컵, 보리 1컵, 감자 2개, 물 1.3컵

만드는 법

① 쌀을 씻어 체에 밭쳐 30분간 불린다.
② 보리는 미리 한 번 삶아 건진다.
③ 감자는 껍질을 벗기고 씻는다. 큰 것은 반으로 잘라 놓는다.
④ 압력솥에 쌀과 보리, 감자를 넣고 밥을 한다.
⑤ 추가 세게 흔들리기 시작하면 불을 줄이고 1분 후 불을 끈다.
⑥ 저절로 김이 다 빠질 때까지 기다렸다가 뚜껑을 연다.
⑦ 감자를 주걱으로 끄면서 밥을 고루 섞어 준다.

문어밥

숙제로 남은 밥

●

처음 밥을 했던 때가 언제였던가. 초등학교 3학년 봄, 외할아버지 생신 때였던 것 같다. 늘 밥을 해 주시던 어머니가 외가로 가시고 동생과 남아 밥을 지어 본 것이 내 생의 첫 밥이었다고 기억해 낸다. 연탄불이 유일한 조리용 에너지였던 시절이었고, 하루에 두 번 새 연탄으로 갈아야 그나마 밥이라도 해 먹을 수 있었다. 열 살 어린아이가 한 밥이니, 위는 덜 익고 아래는 타서 가운데에만 먹을 수 있는 부분이 약간 남은 삼층밥이 되었다. 그걸 동생에게 먹이느라 나는 굶었던 기억이 난다. 어린 나이에 손도 데지 않고 그렇게 밥을 지었던 첫 경험이 아직도 기억나다니. 지금은 그 놀라운 기억의 조각들을 꿰맞추며 여기저기 강의에서 떠들고 다닌다.

내가 손에 물을 묻히고 음식을 하는 것에, 남들이 보면 집

착하다고 말할 정도로, 관심을 가지고 어머니를 괴롭히기 시작한 것이 바로 그 무렵부터였던 것 같다. 지금 돌이켜 보면 참 대단한 일을 경험한 것이었다. 지금 이 나이에도 쉽지 않은 연탄불 밥을 그 어린 나이에 해내다니, 그것이 아무리 삼층밥이었다고는 해도 위대한 조리의 시작인 것은 틀림없다.

아직 어른이 아닌 나이의 누군가가 밥을 하겠다고 마음을 먹고 실행에 옮기는 행위 그 자체가 칭찬 받고 격려 받아 마땅하다. 사실 그런 칭찬이나 격려는 어른이 받는다고 해도 조금도 어색하지 않다. 왜냐하면 우리가 살고 있는 이 시대 많은 사람들은 집에서 밥을 하지 않고 매식에 의존해 식생활을 꾸려가고 있기 때문이다. 그러니 어린아이가 아니라 어린아이의 할아버지, 할머니라 해도 하루 삼시 세끼 밥을 해 먹으면서 지내는 누군가가 있다면 칭찬 받아 마땅하다. 정말 잘하는 일이니 계속하라고 격려를 아끼지 않아야 한다.

연탄불을 피워 방을 덥히고 그 불에 밥하는 일은 아주 고단하다. 물론 필요할 때마다 장작으로 아궁이에 불을 지피는 것에 비하면 천국의 작업이다. 하지만 조금 더 나은 기술이 나와 편리함을 누린다 해도 그 이면에도 불편함은 존재하기 마련일 것이다. 그보다 더 편리한 것이 나오기 전까지는 다시 또 모두 견뎌야 한다.

연탄을 에너지로 사용하는 첫 번째 불편은 새로운 연탄으

로 매번 갈아 줘야 한다는 것이다. 늦은 밤이나 새벽에 속옷 바람으로 나가 잠이 덜 깬 얼굴로 아궁이에 고개를 들이미는 것은 고달프고 불편하다. 불길을 세게 하기 위해 공기구멍을 다 열어 놓으면 아래위 두 장의 연탄이 달라붙어 배가 똥똥해지는 신묘한 장면이 펼쳐지기도 한다. 신묘하다는 표현은 멀리서 바라보는 사람의 몫이지 실제로 연탄을 가는 사람의 입장에서는 완전히 고역이다. 밀착된 두 장의 연탄은 부엌칼로도 떨어지지 않아 집게로 들어 땅에다 퍽퍽 두드리며 깨야 한다. 그런 경우, 십중팔구 연탄에 불기운이 남아 불이 날 수도 있으니 조심해서 버려야 한다. 잘못하면 집이 통째로 날아갈 수도 있으니 정말 조심 또 조심해야 한다. 그러다 보면 잠에서 깬다. 고단한 하루를 시작하라는 알림이다.

　이른 아침, 출근과 등교시간에 맞춰 밥을 할 때, 그 시간만큼은 연탄불 불길을 제법 올려 줘야 했다. 불길을 조절하는 여러 도구들이 있는데 산소 공급을 막아 천천히 타도록 하는 동그란 철판 뚜껑도 있고, 불길을 한곳으로 몰아 방을 따뜻하게 덥히는 용도로 사용하는 도구도 있었다. 냄비와 솥을 올려 조리할 때, 연탄구멍에 공기가 유입되도록 거리를 두게 하는 별 모양의 받침도 있었다. 그런저런 도구들을 이용해 연탄불로 밥을 해 먹는 풍경은 이제 모든 가정에서 사라졌지만 시장이나 고기를 파는 식당에는 여전히 남아 있다.

결혼하고 친구들에게 가스레인지를 선물로 받았지만, 단칸방 난방을 하느라 연탄불에서 완전히 벗어나지 못하고 있었다. 안채와 통하는 문을 장롱으로 막고, 방과 벽 사이의 공간을 막아 부엌으로 만들고, 대문을 안채와 같이 쓰고 있던 집이었다. 연탄 아궁이 위에는 큰 솥을 물솥으로 얹어 늘 따뜻한 물을 사용할 수 있게 하고, 한쪽에 선물로 받은 가스레인지를 설치했다. 거기에서 신혼살림을 시작했고 딸아이를 낳았다.

딸아이가 먹을 이유식을 만들 때도 나는 여전히 연탄불과 가스레인지를 같이 사용하고 있었다. 지금처럼 정보를 공유하는 이웃들도 없고, 결혼을 반대하던 어머니께 여쭙지도 못해, 혼자서 전전긍긍하며 아이를 키우고 있었다

어느 날, 문어와 감자로 죽을 끓여 아이들에게 먹이면 좋다는 집주인 얘기를 듣고 혹한 나는 아이를 업고 중부시장까지 가서 말린 문어 다리를 구해다 죽을 쑤었다. 욕심을 부려 한 번에 잔뜩 끓여 두고 자주 먹여야지 하면서 아이가 잠든 틈을 타서 큰 냄비에다 죽을 끓였다. 살림도 서툴고 무엇보다 효율적으로 조리하지 못하던 서른 무렵이었다. 죽을 쑤려고 부엌으로 들어가서는 연탄불 화력도 좋겠다, 가스비를 아끼기도 하겠다, 연탄불에 죽을 쑤었다. 서툰 솜씨에 우왕좌왕하면서 문어 죽을 쑤고 있는데 아이 우는 소리가 들렸다. 넘칠까 봐 연탄불에서 냄비를 내려놓고 방으로 들어가려고 몸을 돌리다가 옷자

락이 냄비를 툭 쳤고, 방금 전까지 끓고 있던 죽이 입고 있던 청바지 위로 흘러 신발을 거쳐 부엌 바닥으로 다 쏟아졌다. 다행히 화상을 입지는 않았지만 아까운 문어죽을 아이에게 한 숟가락도 먹이지 못하고 모두 쓰레기통에 버려야 했다. 문어죽은 그렇게 가혹한 기억만 남기고 사라졌다. 나중에 알았지만 그날 내가 구입했던 문어 다리는 진짜 문어 다리가 아니고 대왕 오징어 다리였다는 사실을 접하고는 그 사건이 더 가혹하고 참담하게 남았다.

그날의 소란으로 문어가 싫어졌다. 일본 오사카까지 가서도 타코야끼를 쳐다보지도 않을 만큼 문어를 멀리했다. 오랜 기간 기피했던 문어와 다시 맞대면한 것은, 식재료 공부를 시작하고 전국을 정신없이 다니던 십여 년 전, 우연히 간 포항의 죽도시장에서였다.

문어들이 제각각 비닐 장판 위에 널브러져 있기도 하고, 수족관에서 빨판을 드러내고 있거나, 고무 대야에서 몸을 꼬며 끝없이 탈출을 시도하거나 빨랫줄에 널려 있었다. 하나하나 신기해 하며 들여다보고 구경하다 나도 모르게 발걸음을 멈추었다. 한 가게에서 연탄 화덕 위에 물솥을 올려 손님이 고른 문어를 삶아 주고 있었다. 그 가게 앞에 서 있는 내 머릿속에, 어리숙하게 보냈던 신혼의 그 집과 그날의 문어죽이 떠올랐다. 문어 삶은 붉은 물을 떠서 마시라고 권하는 주인의 친절에 차마 그냥 떠나지 못하고 문어를 한 마리 샀다. 솥 안에서 진국이 된 문어 삶은 물을 보면서 어이없게도 나는 문어죽을 끓이면 좋겠다고 생각하고 있었다. 숙소에서 술을 한잔 마시며 삶은 문어를 썰어 안주로 먹었다. 문어죽 사건 이후, 처음으로 먹는 문어였다.

그렇게 어설프게 문어와 화해하고 문어를 더는 외면하지 않기로 했다. 다시 문어를 살피고 내 음식 목록 안에 넣기로 했다. 문어죽과도 다시 만나기로 마음먹었다. 더 이상 그날, 그 순간으로 돌아갈 수는 없지만 나는 그때 그 조리법으로 문어죽을 끓였다. 문어를 삶아 건져 잘게 썰어 두고 감자를 썰어서 참기름에 볶다가 불린 쌀을 넣고 같이 볶고 거기에 문어 삶은 물을 부어 죽을 쑤는 방법으로.

문어죽은 쑤었는데 아이는 다 자라 어른이 되었다. 그때 먹이지 못한 문어죽을 이제 와서 먹으라고 할 수도 없다. 대신 문어로 밥을 짓기로 한다. 문어밥은 이유식으로 먹이지 못한 문어를 이제라도 딸아이에게 먹이려고 시작한 밥이다. 그런데 많은 사람들이 먹은 문어밥을 정작 딸아이는 아직 먹지 못했다. 어른이 되어 독립한 아이가 가끔 돌아오는 부모의 집은 이제 지리산 골짜기에 있으니, 문어를 구하기 쉽지 않은 까닭이기도 하고 그때마다 문어가 떠오르지 않기도 해서다. 딸아이에게 이유식으로 먹이지 못하고 엎어버렸던 그날 트라우마에서는 이제 벗어났지만, 문어밥은 아직 풀지 못한 숙제로 남았다.

● 문어밥 짓기

재료(4인분 기준)

쌀 2컵, 삶은 문어 300g, 들기름 2큰술, 감자 2개,

문어 삶은 물 2.5컵, 청주 1큰술

양념간장 : 간장 1큰술, 물 1큰술, 부추 5줄기, 고추 1개, 마늘 1알,
　　　　　　고춧가루 1작은술, 깨소금 1큰술, 참기름 1큰술

만드는 법

① 쌀은 깨끗이 씻어 건져 한 시간 동안 불린다.

② 문어는 밀가루로 주물러 진액을 제거하고,
　무로 문질러 한 번 더 빨판의 불순물을 제거한다.

③ 끓는 물에 문어를 5분간 삶아 건져 잘게 썰고 문어 삶은 물은
　체에 걸러 따로 보관해 둔다. 문어의 크기에 따라 물의 양과 삶는 시간을
　조절해야 한다.

④ 문어를 한입 크기로 자른다.

⑤ 감자는 껍질을 까서 씻은 후 자른 문어와 비슷한 크기로 썬다.

⑥ 냄비에 들기름을 두르고 쌀과 감자를 볶다가 문어와 문어 삶은 물,
　청주를 넣고 센 불로 끓인다.

⑦ 밥이 끓기 시작하면 불을 최소로 줄이고 15분간 뜸을 들인다.

⑧ 밥이 뜸 드는 사이, 부추와 고추를 송송 썰어 양념장을 만든다.

⑨ 15분간 뜸을 들인 후 불을 세게 키워 김을 한 번 올리고 불을 끈다.

⑩ 5분 뒤 뚜껑을 열고 밥을 고루 섞어 푼다.

⑪ 양념장과 같이 낸다.

삼계밥

그 남편의
그 아내를 위한 밥

•

 방송이든 종이 매체든 간에 얼굴을 내미는 게 익숙하지 않아 모두 인터뷰나 출연 요청 거절을 원칙으로 삼고 있다. 그런데 《반찬이 필요 없는 밥 한 그릇》을 출간한 직후, 해당 출판사에서 마케팅을 앞세워 취재에 응해 달라는 부탁을 해 왔다.

 그런저런 홍보 없이도 책이 잘나갈 만큼 인지도가 있는 사람이 아니니 그 부탁을 차마 거절하기 힘들어서 모 신문사 기자를 만나고 사진을 찍게 되었다. 'OOO의 사람 풍경'이라는 꼭지를 맡고 있다고 자신을 소개한 그는 서울에서 출발한다며 주말 오후 한 시로 약속을 잡았다. 멀리서 오는 사람이 점심시간 즈음에 온다고 하니 나는 당연히 그 사람의 끼니가 걱정되어 밥은 어떻게 해야 하는지 물었다. 그는 아주 예의 있게 알아서 먹고 갈 거니 신경 쓰지 말라고 하여 고맙기도 하고 한편으론 미안하기도 했다. 점심을 어떻게 할 거냐고 묻지 말고, 그냥 와서 먹으라고 할 걸 하는 후회도 했지만 잊어버리기로 했다.

약속이 잡힌 날은 늦은 시간까지 일이 있던 전날의 피로가 제대로 풀리지 않아 손님이 오시기로 한 시간이 가까워질 때까지 집에서 빈둥거리고 있었다. 약속이 없으면 하루 내내 집에서 이리저리 뒹굴고 싶은 날이었다.

열 한 시 사십분경, 무거운 몸을 일으켜 손님을 만나러 나가려고 준비를 시작하려는데 문자가 한 통 왔다. 문자를 보기 전에 나는 그가 못 온다는 소식을 보내 온 것이면 좋겠다고 주문을 걸었다. 그러나 웬걸, 그 손님은 점심을 먹지 못했으니 그 곳에 도착하면 밥을 좀 먹을 수 없느냐는 당황스러운 이야기를 남겨 놓았다.

밥을 와서 먹으라고 하지 못한 걸 미안해 하며 예의 바른 사람이라고 여기던 때와는 달리 참으로 무례하기 짝이 없다는 생각이 들었다. 점심은 먹고 오겠다던 사람이 밥시간이 임박해서 연락해 밥을 달라고 하는 무례함이라니. 그나저나 불평을 늘어놓을 수 없는 상황이라 제대로 씻지도 못하고 일터인 '맛있는 부엌'으로 달려갔다.

남은 시간은 한 시간. 장 보러 갈 수도 없는 지리산 골짜기에서 갑작스레 밥을 해야 하는 상황이 짜증스러웠지만 우선 쌀을 씻어 불리고 그 사이 냉장고를 뒤졌다. 냉장고 안은 뭔가로

가득 차 있지만 정작 손에 잡히는 재료가 없었다. 냉동고를 여니 꽁꽁 언 두부가 보였다. 두부를 꺼내 물에 담가 해동하고 그 사이 된장을 한술 떠다가 뚝배기에 넣고 지졌다. 그나마 익은 산갓물김치와 열무김치가 있어 다행이었다. 제시간에 도착한 손님에게 화려한 밥상은 아니어도 그만을 위한, 갓 지은 밥을 그렇게 대접할 수 있었다.

    이상하게 그날 오는 손님은 모두 그랬다. 뒤늦게 2시 넘어 도착한 사진작가도 점심 전이라며 밥을 청했다. 또다시 밥을 차렸다. 인터뷰에 응하고 사진을 찍고 왔던 손님들이 돌아가고 하루를 마감하는데 전날보다 일은 덜 했는데 피곤함은 훨씬 더 했다. 그날 나 자신에게 다짐했다. 절대로 사전 약속 없이 찾아가 밥을 얻어먹는 일은 하지 않아야겠다고. 며칠 뒤 그 손님은 기사가 링크된 웹 사이트 주소를 내게 보내왔다. 기사는 이렇게 시작되고 있었다.

    손이 빨랐다. 싱그러운 밥 한 상을 금방 차려 냈다. 두부와 함께 지은 쌀밥, 시원한 열무김치, 매콤한 산갓물김치, 담백한 감잣국, 짭조름한 강된장, 푸르른 상추쌈 등 소쿠리에 여름을 가득 담아 왔다. 사실 폐를 끼칠 마음은 없었다. 그런데 도착 시간이 정오 어름, 딱 점심때가 아닌가. '밥의 전도사'를 만나러 가는 길, 눈 딱 감고 도착 한 시간 전에 문자를 넣었다. "조금

후에 뵐게요." 소식을 늦게 받았는지 40여 분 후에 짧은 답신이 왔다. "앗! 네;;"

보통의 약속이라면 참으로 예의 없는 사람이지만 직업 특성상 그럴 수도 있으려니 이해하기로 했다.

며칠이 지나고 주말이 되었다. 마을 지인 몇 분과 닭이라도 삶아 나누며 여름 더위와 싸워 보자고 꾸린 저녁 밥상 모임을 앞둔 시간이었다. 저녁 여섯 시에 있을 모임 준비에 한창인 오후 다섯 시경 한 남자가 맛있는 부엌의 문을 밀고 들어왔다. 만난 적 없는 낯선 남자였다. 그는 아무렇지도 않게 밥을 먹으러 왔다고 했다. 짧은 순간에 머릿속으로 많은 생각을 했다. 누군가에게 밥을 먹으러 오라고 했는데 기억을 못하는지, 만난 적 있는데 누군지 기억해 내지 못하는지 등등으로 머리가 하얘지려는 순간, 그 남자가 한마디를 던졌다. 신문을 보고 왔다고.

정말 미안하기는 했지만 이곳은 밥을 파는 곳이 아니니 가까운 식당으로 가시라고 안내를 했다. 얘기를 들은 그 남자는 당황스러워 하면서 밖으로 나가는가 싶더니 이내 다시 돌아왔다. 밖을 내다보니 그가 타고 온 차가 시동이 걸린 채로 바로 앞에 있었다. 그 남자는 경기도 일산에서 왔다며, 밖의 차 안에 있는 아내에게 맛있는 밥을 먹여 주겠다며 데려왔다고 했다. 나는 다시 밥을 팔 수 없다고 했고, 안에서 일하던 마을 사람들도 나와서 같이 거들었다. 그러나 남자는 포기하지 않고 다시 말했다. 일산에서 왔고, 근처까지 와서 맛있는 부엌을 찾느라 길을 헤매는 데만 두 시간은 더 걸렸다고. 밖에서는 그의 아내가 차창을 열고 이쪽을 바라보고 있었다.

그날은 닭을 삶아 먹으려는 날이라 닭과 인삼이 있었다. 차 안의 아내를 보고 남편을 보니 마음이 약해져 기다릴 수 있으면 한 시간 뒤에 다시 오라고 했다. 내 성정으로는 그리 기다려 밥을 먹을 일이 없는 사람이라 그냥 돌아갈 것이라 생각했지만 착각이었다. 같이 있던 마을 사람들은 나를 탓했지만 그 순간 나는 또 쓸데없는 생각을 하고 있었다. 지나치게 말라 왜소해 보이며, 빛바랜 셔츠를 입고 오래된 낡은 차를 몰고 온 그 남자가 한 여자의 남편으로 살면서 가져온 위신이 무너지면 어쩌지 하는 생각이었다.

한 시간 뒤에 돌아오라고 했지만 그들은 곧장 들어와서는 얌전히 있겠으니 쫓아내지 말아 달라고 했다. 신경이 쓰였으나 이제 와서 나가라고 할 수는 없었다. 내가 쌀을 씻어 불리고 닭과 인삼을 손질하느라 분주한 때에, 그들은 가만히 있겠다는 약속을 잊은 듯 일어서서 계속 두리번거리며 실내를 어슬렁거렸다. 그릇 구경에, 책 구경에 이리저리 돌아다니며 신경이 쓰이게 했다. 간간이 질문까지 해 가면서.

정말 한 시간 뒤쯤, 나는 여섯 명이 둘러앉을 수 있는 큰 탁

자에 달랑 삼계밥 두 그릇, 전복간장 한 종지 그리고 보리열무 김치로 밥상을 차렸다. 김치 외에 반찬 한 가지도 없는 상을 변명하지 않았다. 두 사람은 밥알 하나, 김치 한 조각 남기지 않고 그릇을 싹 비웠다. 그 아내는 내게 세상에 태어나서 가장 맛있는 밥을 먹었다고 했다. 정말 맛있게 먹은 듯 보였다. 주방에서 할 일이 좀 꼬이기는 했지만 밥 먹고 가라고 한 것은 정말 잘한 일이라는 생각이 들었다. 밥값을 내겠다고 했지만 받을 수는 없었다.

돌아가는 차 안에서 그 남편의 어깨가 으쓱해지면 좋겠다고 바랐다. 그의 아내가 으쓱거리는 남편을 자랑스럽게 여기는 모습을 상상했다. 그 먼 길을 고생하며 데려온 남편 덕에, 흔히들 말하는 '인생 밥'을 먹게 되어 정말 행복하다 느끼면 좋겠다고 생각했다.

오해를 살 여지가 있는 기사의 행간을 읽지 못하고, 갑자기 찾아와 밥을 달라고 하면 내가 선뜻 차려줄 것이라 여기고 느닷없이 찾아오는 사람이 더는 없으면 좋겠다. 내가 늘 같은 자리에서 일하는 사람이 아니라 더 그렇다. '맛있는 부엌'을 비우고 서울에서 어슬렁거리는 날에 와도 안 되고, 부산 바닷가 부근에서 사람들과 음식 이야기를 하고 있는 날에도 그들이 오면 안 되니까 더더욱 그렇다. 설혹 내가 지리산에 있다고 해도 먼 길을 찾아온 그들의 수고에 밥을 답으로 줄 수 없기 때문에 마음이 불편해서다. 수업을 하고 있을 수도 있고, 다음날의 행사 준비로 옆을 돌아볼 수 없을 정도로 바쁜 날에는 그렇게 갑자기 찾아온 사람을 원망할지도 모른다.

그들처럼 그렇게 무례하게 불쑥 찾아와 밥을 달라고 떼를 쓰는 사람들이 있다고 투덜거리기는 하지만 그날 그 부부에게 해 준 삼계밥은 내게도 오래도록 기억될 것 같다.

● 삼계밥 짓기

재료(4인분 기준)

쌀 1.5컵, 찹쌀 1/2컵, 물 1.8컵, 닭고기살 600g, 인삼 4뿌리, 대추 4알, 청주 2큰술, 소금 1작은술

만드는 법

① 쌀과 찹쌀을 같이 씻어 불린다.
② 닭 살코기를 한입 크기로 썬다.
③ 인삼은 흙이 나오지 않게 깨끗이 씻어 송송 썰고, 대추도 깨끗이 씻어 놓는다.
④ 압력밥솥에 불린 쌀을 넣고 물을 붓고 소금을 넣는다.
⑤ 쌀 위에 닭 살코기와 인삼, 대추를 얹고 청주를 고루 끼얹는다.
⑥ 밥을 센 불로 끓인다.
   압력밥솥 추가 흔들리면서 나오는 물이 마르는, 약 1분 뒤쯤 불을 끈다.
⑦ 김이 저절로 빠지기를 기다렸다가 밥을 살살 흩뜨리면서 푼다.

두부밥

두부밥으로 남은 그녀

●

그녀는 지리산이 좋아서 지리산에 깃들어 산다고 했다. 언제 어디서나 거침없이 말하고 행동하는 그녀가 부러워 그 성격을 닮고 싶다고 생각한 적도 있었다. 겨우 두 번째 만난 날, 그녀는 애교를 떨며 내 팔에 매달려 우리 집엘 따라왔고 그 뒤로 약속 없이도 자주 집으로 찾아왔다.

처음으로 우리 집에 온 날에도 마당에 들어서면서 미처 말릴 겨를도 없이 항아리 뚜껑을 열어 장맛을 보더니 좀 싸 달라는 말을 거침없이 하기도 했다. 내가 차를 준비하는 동안에는 주방으로 따라 들어와 허락을 구하지도 않고 냉장고를 열어 이것저것 맛보는 등 집주인 처지에선 반갑지 않은 밉상 손님 짓을 하였다. 나는 다른 누군가의 집에 가서 집주인이 보여 주지 않는 공간을 기웃거리거나 주방으로 들어가 냉장고 문을 여는 일은 절대로 하지 않는 사람이라, 그런 그녀가 더욱 밉상 손님으로 느껴졌다.

　그래서 그날은 딱 차만 주고 보내려고 했다. 그런데 그녀는 내 감정을 전혀 눈치채지 못했는지 눌러앉아 저녁밥을 달라고 했다. 바로 돌아갈 생각이 없는 데다 이미 냉장고 속 반찬을 맛본 뒤라 아예 떼를 쓰기로 작정한 것 같았다. 살림하는 사람이라면 대부분 겪어 봐 알겠지만, 준비 없이 맞는 손님은 주부를 당황스럽게 한다. 그걸 모를 리 없는 그녀는 김치만 주면 된다고 했다. 아니면 항아리 된장만 한술 떠다 달라고 했다. 날도 더운데 당황스러운 주문을 하는 그녀가 짜증스럽기만 했다. 그러나 무리하게 기분을 상하게 하는 말을 하면서까지 손님을 보낼 수는 없으므로 나는 정말 밥만 달랑 해 주기로 마음을 먹었다.

　그러나 그렇게 마음을 먹는다고 정말 그리 되지는 않는 법. 적당히 쉬운 반찬이라도 한두 가지 하려고 냉장실을 열었지만 눈에 들어오는 재료가 없었다. 냉동실을 여니, 거기에 며칠째 주인의 관심에서 멀어진 두부 한 모가 꽁꽁 언 채 들어 있었다.

　며칠 전, 당장 해 먹을 일이 없으니 버릴 수는 없고 그냥 두자니 상할까 걱정이 되어 무작정 냉동실에 넣어 놓은 두부였다. 찬밥 신세였던 두부를 꺼내 물에 담가 두고 해동되는 동안 쌀을 씻었다. 쌀을 불리는 동안 냉장고에 있는 양파, 감자, 버

섯들을 꺼내 씻고 다졌다. 마당에 나가 고추를 몇 개 따고 막장을 한 종지 떠서 들어와, 해동이 덜 된 두부를 썰었다. 언 두부 속 얼음 때문에 사각사각 소리를 내며 두부가 썰리자 두부 속 얼음이 보석처럼 빛나며 모습을 드러냈다. 두부의 그 얼음들이 밥을 질게 만들 것이므로 밥물을 좀 적게 잡고 밥솥을 불에 올렸다. 두부는 들기름에 구웠을 때 제맛을 내므로 밥솥 뚜껑을 닫기 전에 들기름을 한술 넣는 것도 잊지 않았다

밥이 끓고 뜸이 드는 동안 뚝배기에 물을 넣고는 멸치 몇 마리를 투하했다. 멸치는 통째로 넣으면 거슬리나 굳이 가루를 내어 넣을 필요는 없고 머리와 내장을 제거하고 손으로 뚝뚝 잘라서 넣으면 된다. 거기에 마당의 항아리에서 떠 온 막장을 몇 숟가락 넣고 손질해 놓았던 채소와 함께 끓였다. 밥을 비비기에 적당한 점도는, 마지막에 강판에 감자를 갈아 넣어서 맞췄다. 그렇게 밥상을 차렸다. 언 두부와 들기름으로 지은 밥 한 그릇에 막장을 넣고 지진 뽀글이장 한 뚝배기, 그리고 국물이 넉넉한 열무김치가 전부였다. 그녀는 참 맛있게도 밥을 먹었다. 비빈 밥을 한 숟가락 먹고, 열무김치를 국물과 함께 떠서 한 숟가락 먹고, 순식간에 밥을 다 먹더니 남은 뽀글이장을 싸 가지고 가도 되느냐고 물었다. 열무김치와 막장, 간장을 들고 그녀는 돌아갔다.

그 뒤로 그녀는 가끔 전화해서 내가 해 주는 밥을 먹고 싶

다고 했다. 처음엔 좀 귀찮기도 하고 그러는 그녀를 이해할 수 없었지만 진수성찬을 원하는 것이 아니니 웬만하면 오라고 해서 밥을 해 주었다. 그녀와 그렇게 만나 가면서 나는 서서히 지리산과도 친해졌다. 함께 건강한 생산자를 만나고 그들이 생산한 식재료를 구입했다. 함께 노고단을 오르고 노고단의 식생에 대해 수다를 떨었다. 봄이 되면 같이 꽃 마중을 나가기도 하고, 산채를 얻으러 지리산 골짜기를 돌아다니기도 했다. 실상사 뒤뜰 밭에서 냉이, 달래 등 향채를 뜯어다 밥상에 놓기도 했다.

어머니가 유난히 입맛이 없다고 하시던 어느 해 봄이었다. 밥을 먹고 갔던 그녀는 고들빼기가 필요하면 호미 하나 들고 오라고 연락을 했다 나보다 어머니가 더 들떠서는 앞장섰다. 그녀의 뒷집 할머니가 부치시는 밭에 고들빼기가 지천이었다. 어머니와 나는 힘든 줄도, 시간 가는 줄도 모르고 큰 자루로 하나 가득 고들빼기를 캤다. 집으로 돌아오자마자 어머니는 고들빼기를 손질해 끓는 물에 살짝 데쳐 고추장 양념으로 무치셨다. 제대로 밥상 차릴 동안을 기다리지 못하고 찬밥에 고추장에 무친 고들빼기나물 한 접시를 다 드셨다. 그러고는 입맛이 돌아왔다며 기뻐하셨다.

그 일을 계기로 어머니는 그녀가 찾아와 밥을 달라고 하면 내가 없어도 환대하면서 집안으로 들여 밥상을 차려 주시고는 했다. 그녀는 어머니의 무장아찌를 정말 좋아했다. 오죽하면

일 년에 몇 차례 장아찌 항아리를 헐어 무장아찌를 밑반찬으로 준비하는 날이면 어머니는 꼭 그녀 몫을 따로 챙겨서 가져다주라고 하실 정도였다. 막장으로 만드는 그 장아찌 항아리에는 무 말고도 더덕과 마늘종, 오이 등도 있었다. 그 다양한 장아찌 밑반찬들이 그녀에게 전해졌다.

우리 집에서 처음으로 밥을 먹던 날, 밥상을 물리고 찻잔을 앞에 두고 앉아 그녀는 자신이 곧 죽을지도 모르는 암 환자라는 이야기를 했다. 외할아버지의 별세 이후, 가까이 지내던 누구와도 죽음으로 이별을 해 본 적이 없던 나는 할 말을 잃고 앉아 어색하게 숨소리만 내고 있었다. 밥을 달라는 요구에 황당해 하며 짜증스럽게 밥을 한 내가 부끄럽게 느껴지는 상황에 몰리고 있었다. 그런 나를 마주하고 앉은 그녀는 아무렇지도 않게 서울에 두고 온 어린 딸과 남편 이야기 등을 계속해서 쏟아냈다. 나는 점점 더 당황해 도무지 무슨 말을 해야 할지 몰라 횡설수설하고 있었던 것 같다. 그런 이야기를 들은 끝이라, 뚝배기에 남은 뽀글이장만 싸 달라는 그녀에게 막장도 챙겨 주고 간장도 싸 주고 김치도 넣고 해서 두 손 무겁게 들려 보냈다.

그녀와 함께 산으로 들로 혹은 그녀의 집과 우리 집으로 돌아다니며 그녀의 병을 마음에서 지우고 지내기를 한 오 년쯤. 그녀를 괴롭히던 암세포가 전신으로 번졌고 그녀는 같이 웃고 떠들던 우리와 마을에서 떠나 병원으로 갔다. 간간이 먹을 것

을 해 가지고 그녀를 찾아갔지만 그뿐이었다. 그러던 어느 날, 그녀가 전화를 걸어 서울의 병원에 있는데 어머니의 무장아찌가 먹고 싶다고 했다. 나는 곧 시간을 내서 무장아찌를 들고 올라가마고 했지만 정부 사업 예산안에 불려 다니며 일을 처리하느라 시간 내기가 영 어려운 늦가을이었다. 한번 가야지, 가야지 하면서 시간은 흘러가고 겨울이 되어도 그녀에게 가지 못하고 있었다. 그리고 추운 겨울 어느 날, 그녀의 부음을 전해 들었다.

　장례식장에 다녀오고 나서 그녀를 생각하며 두부밥을 해 먹었다. 뽀글이장 대신 그녀가 좋아하던 무장아찌를 꺼내 비벼 먹었다. 그녀에게 처음으로 밥을 해 주던 날, 그녀는 내가 해 준 두부밥을 먹으며 자신이 암 환자라 되도록 육식을 하지 않으려 하지만 고기를 먹고 싶은 욕구를 누르기 힘들다고 말했다. 그런데 언 두부의 식감이 마치 고기를 씹는 느낌을 준다며 좋아하며 먹었다. 그 모습이 떠올라 목이 메고 밥이 잘 넘어가지 않았다.

　그날 이후로 두부밥은 내 밥상에서 사라졌다. 두부밥을 떠올리면 어머니의 무장아찌와 함께 내가 해 주는 밥이 먹고 싶다던 그녀의 청을 들어 주지 못하고 그냥 보낸 내가 싫어져서다. 그녀가 가고 다음 해 가을, 바람이 몹시 불던 어느 날, 한 지인의 소개로 말기 암 환자가 나를 찾아왔다. 오랜 세월, 여행과 일에 묻혀 밥다운 밥을 먹지 못하고 매식에 의존하며 살던 그가 뒤늦은 후회로 음식에 새롭게 눈을 뜨며 나의 밥을 먹고 싶다고 찾아온 것이다.

　그날 나는 그가 암 환자임을 염두에 두고 버섯을 잔뜩 썰어 넣어 뽀글이장을 끓이고 두부밥을 해서 밥상을 차렸다. 다행히 그도 두부밥과 뽀글이장을 너무 좋아했다. 일주일에 한 번꼴로 몇 달간 그에게 밥을 차려 주면서 나는 이미 가고 없는 그녀에게 차려 주지 못한 밥상을 차리고 있노라고 착각했는지도 모르겠다.

아무리 태연한 척하고 합리화하고 싶어도 바쁘다는 핑계로 차려 주지 못한 밥은 나에게 깊은 상처로 남는다. 시간이 흘러 상처가 다 아문 것 같아도, 몸에 난 깊은 상처가 그렇듯, 마음에 난 그 상처도 보기 싫은 흉터처럼 각인되고 때때로 기억나 나를 아프게 한다.

없는 시간을 쪼개서라도 차려 준 밥은, 먹은 사람에게는 그저 따뜻한 한 끼 밥으로만 남을지 모른다. 그러나 밥을 한 나에게는, 오래 전 각인되어 흉터로 남은 상처를 치유하는 힘이 된다. 두부밥을 차리면서 나는 그 치유의 힘을 경험했다. 그 경험은 이제 밥이 필요한 사람 누구에게라도 밥을 차려 주는 수고를 계속할 명분이 되었다. 때로 귀찮기도 하고 때로 짜증도 나겠지만, 앞으로도 나는 기꺼이 손을 물에 담그며 밥을 차려 주는 사람으로 즐겁게 살아갈 것이다.

이제 '맛있는 부엌'에는 소생한 두부밥이 있다. 그리고 이 두부밥은 맛있는 부엌을 대표하는 나의 밥이 되었다.

● 두부밥 짓기

재료(4인분 기준)

쌀 2컵, 두부 1모, 들기름 1큰술

만드는 법

① 쌀을 씻어 건져 30분간 불린다.

② 두부를 얇게 날려 썬다.

③ 압력밥솥에 불린 쌀을 넣고 그 위에 두부와 들기름을 넣는다.

④ 흰쌀밥을 할 때와 같은 방법으로 밥을 짓는다.

● 뽀글이장 만들기

재료 (4인분 기준)

된장 5큰술, 물 2컵, 굵은 멸치 10마리, 양파 1/2개, 표고버섯 2개, 느타리버섯 3~4개, 팽이버섯 1/2봉지, 대파 1뿌리, 마늘 2알, 매운 고추 3개, 다시마 2쪽, 감자 1/2개

만드는 법

① 멸치는 머리와 내장을 제거하고 프라이팬에 볶는다.
② 도마에 볶은 멸치를 올려 놓고 칼등으로 잘게 부수거나 썬다.
③ 다시마는 물 2컵에 담가 우려 놓는다.
④ 양파, 대파, 마늘, 매운 고추는 깨끗하게 씻어 잘게 썰어 섞이지 않게 담아 둔다.
⑤ 표고버섯은 물에 불렸다가 잘게 썰고, 느타리버섯은 길게 찢은 뒤 잘게 썰고, 팽이버섯은 0.5cm 길이로 썬다.
⑥ 감자는 강판으로 갈아 둔다.
⑦ 뚝배기에 다시마 우린 물 1컵을 넣고 불에 올린 뒤 준비해 둔 멸치를 넣는다.
⑧ 잘게 썬 양파, 마늘, 표고버섯, 느타리버섯, 팽이버섯을 넣고 계속 끓인다.
⑨ 양파가 익을 무렵, 분량의 된장을 넣고 끓기 시작하면 대파, 매운 고추를 넣는다.
⑩ 마지막으로 강판에 갈아 둔 감자를 넣고 점도를 더해 한소끔 더 끓인다.

밥을
짓
다

사람을
만
나
다

초판 1쇄 펴낸 날 2019년 1월 3일
　　2쇄 펴낸 날 2019년 1월 23일

글 짓기 고은정
밥 짓기 박명수 전종윤
사진 짓기 류관희

펴낸 곳 도서출판 한살림
펴낸 이 윤형근
책임 편집 장순철
편집 김세진
디자인 그린다

출판 신고 2008년 5월 2일 제2015-000090호
주소 (우 06732) 서울특별시 서초구 서운로 19, 4층
전화 02-6931-3612
팩스 0505-055-1986
누리집 www.salimstory.net
이메일 story@hansalim.or.kr

ⓒ 도서출판한살림 2019

ISBN 979-11-957826-8-0 03800

* 이 책 내용의 일부 또는 전부를 재사용하려면
  반드시 저작권자와 도서출판한살림 양측의 동의를 받아야 합니다.
* 이 책은 재생종이로 만들었습니다.
* 잘못된 책은 구입하신 곳에서 바꾸어 드립니다.
* 책값은 뒤 표지에 있습니다.

이 도서의 국립중앙도서관 출판예정도서목록(CIP)은
서지정보유통지원시스템 홈페이지(http://seoji.nl.go.kr)와
국가자료공동목록시스템(http://www.nl.go.kr/kolisnet)에서
이용하실 수 있습니다.(CIP제어번호: CIP2018040288)